京师职教

通 用 职 业 素 养 系 列 教 材

普通话水平测试教程

PUTONGHUA
SHUIPING CESHI
JIAOCHENG

总主编\魏成杰
主　审\王　刚
主　编\张永旗
副主编\严岳峰　申慧萍

北京师范大学出版集团
BEIJING NORMAL UNIVERSITY PUBLISHING GROUP
北京师范大学出版社

图书在版编目(CIP)数据

普通话水平测试教程/张永旗主编. —北京：北京师范大学出版社，2015.9(2023.7 重印)

ISBN 978-7-303-19378-3

Ⅰ.①普… Ⅱ.①张… Ⅲ.①普通话—水平考试—中等专业学校—教材 Ⅳ.①H102

中国版本图书馆 CIP 数据核字(2015)第 186416 号

图书意见反馈：gaozhifk@bnupg.com 010-58805079

营销中心电话：010-58802755 58800035

出版发行：北京师范大学出版社 www.bnupg.com

北京市西城区新街口外大街 12-3 号

邮政编码：100088

印 刷：三河市兴达印务有限公司

经 销：全国新华书店

开 本：787 mm×1092 mm 1/16

印 张：10.75

字 数：260 千字

版 次：2015 年 9 月第 1 版

印 次：2023 年 7 月第 5 次印刷

定 价：28.80 元

策划编辑：庞海龙　　责任编辑：张凌敏

美术编辑：高 霞　　装帧设计：华鲁印联

责任校对：陈 民　　责任印制：马 洁

内容简介

本书根据普通话水平测试现状，立足安徽，面向全国，以提升读者普通话水平、提高读者普通话水平测试应试技巧为目标，寓科学性、实用性为一体。主要内容包括：第一单元普通话水平测试介绍，简要介绍普通话水平测试大纲及应试技巧；第二单元普通话语音知识，主要包括语音、声母、韵母、声调和变调、音变；第三单元普通话水平测试实用材料，收列普通话水平测试训练中所需的实用材料，适当补充一些语音练习；第四单元命题说话的要领，参考颜逸明主编《普通话水平测试指要》一书中“说话的要领”一节，理论联系实际，详细解说普通话水平测试“命题说话”测试项的应试要领；附录收录国家及安徽省关于语言文字的一些政策法规、汉语拼音基本规则、标点符号用法、模拟试卷和计算机辅助普通话水平测试应试指南。

本书可以作为普通话水平测试培训和训练教材。

前言

语言是最重要的交际工具和信息载体。在中国特色社会主义现代化建设的历史进程中，大力推广、积极普及全国通用的普通话，有利于消除语言隔阂，促进社会交往，对社会主义经济、政治、文化建设和社会发展具有重要意义。本书坚持以习近平新时代中国特色社会主义思想为指导，以为党育人、为国育才为目标，践行新时代的发展理念。

国家推广全国通用的普通话，普通话水平测试是推广普通话工作的重要组成部分，开展普通话水平测试工作，将使推广和普及普通话工作走上制度化、规范化、科学化的道路，并且会加强工作的力度、加快工作的速度，从而极大地提高全社会的普通话水平和汉语规范化水平，使语言更好地为社会发展服务，为现代化建设服务。

随着普通话在我国的逐步普及和普通话水平测试工作的持续开展，人们对普通话的认识和对普通话水平的要求也逐步提高，这必将促使人们按照科学方法不断学习，努力提升自己的普通话水平。

为帮助广大考生和普通话学习爱好者提高普通话水平，顺利通过普通话水平测试，我们根据全国普通话水平测试最新要求，结合安徽省实际，精心编写了《普通话水平测试实用教程》一书。本书以习近平新时代中国特色社会主义思想和党的二十大精神为指导，落实立德树人根本任务，严格依据《普通话水平测试大纲》的要求，参考众多普通话教学理论和实践，科学编排，精心编写，具有如下三个特色。

一、结构完整，针对性强

本书结构完整，特别针对普通话学习和考试编写，既有理论知识，又有实用训练，特别是收录了普通话水平测试中常用的实用训练材料和十套模拟试卷，既可以帮助使用者提升普通话水平，又能够帮助使用者进行普通话针对性训练。

二、与时俱进，时效性强

本书根据测试大纲编排，结合最新测试要求，做到与时俱进，特别是根据安徽省普通话水平测试最新进展，收录了安徽省《计算机辅助普通话水平测试应试指南》，帮助首次参加考试的考生熟悉考试环节，做到胸有成竹。

三、重点突出，实用性强

本书紧紧围绕普通话水平测试大纲编写，在最为关键的实用材料部分，从广大考生实际需要出发，收录了考生最容易出错的轻声、儿化、难读易错、多音节词语等，重点突出了考试中占分数最多的朗读和说话两部分，具有很强的实用性。

在本书编写的过程中，我们进行了深入广泛的调研，在听取专家意见、考生考试经验和读者建议的基础上不断创新，兼顾了广大普通话学习爱好者的需求和普通话水平测试应试者的需要，希望能够给广大读者学习和考试带来帮助。

由于时间仓促、水平有限，本书难免有疏漏之处，敬请广大专家、读者不吝赐教。

编者

目录

单元 1

普通话水平测试介绍

第一节 普通话水平测试大纲

根据教育部、国家语言文字工作委员会发布的《普通话水平测试管理规定》《普通话水平测试等级标准》，制定本大纲。

一、测试的名称、性质、方式

本测试定名为“普通话水平测试”(PUTONGHUA SHUIPING CESHI，缩写为PSC)。

普通话水平测试测查应试人的普通话规范程度、熟练程度，认定其普通话水平等级，属于标准参照性考试。本大纲规定测试的内容、范围、题型及评分系统。

普通话水平测试以口试方式进行。

二、测试内容和范围

普通话水平测试的内容包括普通话语音、词汇和语法。

普通话水平测试的范围是国家测试机构编制的《普通话水平测试用普通话词语表》《普通话水平测试用普通话与方言词语对照表》《普通话水平测试用普通话与方言常见语法差异对照表》《普通话水平测试用朗读作品》《普通话水平测试用话题》。

三、试卷构成和评分

试卷包括五个组成部分，满分为 100 分。

(一)读单音节字词

本部分内容包含100个音节，不含轻声、儿化音节，限时3.5分钟，共10分。

1. 目的

测查应试人声母、韵母、声调读音的标准程度。

2. 要求

100个音节中，70%选自《普通话水平测试用普通话词语表》“表一”，30%选自“表二”。

100个音节中，每个声母出现次数一般不少于3次，每个韵母出现次数一般不少于2次，4个声调出现次数大致均衡。

音节的排列要避免同一测试要素连续出现。

3. 评分

语音错误，每个音节扣0.1分。

语音缺陷，每个音节扣0.05分。

超时1分钟以内，扣0.5分；超时1分钟以上(含1分钟)，扣1分。

(二)读多音节词语

本部分内容包含100个音节，限时2.5分钟，共20分。

1. 目的

测查应试人声母、韵母、声调和变调、轻声、儿化读音的标准程度。

2. 要求

词语的70%选自《普通话水平测试用普通话词语表》“表一”，30%选自“表二”。

声母、韵母、声调出现的次数与读单音节字词的要求相同。

上声与上声相连的词语不少于3个，上声与非上声相连的词语不少于4个，轻声不少于3个，儿化不少于4个(应为不同的儿化韵母)。

词语的排列要避免同一测试要素连续出现。

3. 评分

语音错误，每个音节扣0.2分。

语音缺陷，每个音节扣0.1分。

超时1分钟以内，扣0.5分；超时1分钟以上(含1分钟)，扣1分。

(三)选择判断

本部分内容包含10组词语判断，10组量词、名词搭配和5组语序或表达形式判断，限时 3 分钟，共 10 分。

1. 词语判断(10 组)

目的：测查应试人掌握普通话词语的规范程度。

要求：根据《普通话水平测试用普通话与方言词语对照表》，列举 10 组普通话与方言意义相对应但说法不同的词语，由应试人判断并读出普通话的词语。

评分：判断错误，每组扣 0.25 分。

2. 量词、名词搭配(10 组)

目的：测查应试人掌握普通话量词和名词搭配的规范程度。

要求：根据《普通话水平测试用普通话与方言常见语法差异对照表》，列举 10 个名词和若干量词，由应试人搭配并读出符合普通话规范的 10 组名量短语。

评分：搭配错误，每组扣 0.5 分。

3. 语序或表达形式判断(5 组)

目的：测查应试人掌握普通话语法的规范程度。

要求：根据《普通话水平测试用普通话与方言常见语法差异对照表》，列举 5 组普通话和方言意义相对应，但语序或表达习惯不同的短语或短句，由应试人判断并读出符合普通话语法规范的表达形式。

评分：判断错误，每组扣 0.5 分；选择判断部分合计超时 1 分钟以内扣 0.5 分，超时 1 分钟以上(含 1 分钟)扣 1 分；答题时语音错误，每个音节扣 0.1 分，如判断错误已经扣分，不重复扣分。

(四)朗读短文

本部分包含短文 1 篇(400 个音节)，限时 4 分钟，共 30 分。

1. 目的

测查应试人使用普通话朗读书面作品的水平。在测查声母、韵母、声调读音标准程度的同时，重点测查连读音变、停连、语调以及流畅程度。

2. 要求

短文从《普通话水平测试用朗读作品》中选取。

评分以朗读作品的前 400 个音节(不含标点符号和括注的音节)为限。

3. 评分

每错 1 个音节，扣 0.1 分；漏读或增读 1 个音节，扣 0.1 分。

声母或韵母的系统性语音缺陷，视程度扣 0.5 分、1 分。

语调偏误，视程度扣 0.5 分、1 分、2 分。

停连不当，视程度扣 0.5 分、1 分、2 分。

朗读不流畅(包括回读)，视程度扣 0.5 分、1 分、2 分。

超时扣 1 分。

(五)命题说话

本部分限时 3 分钟，共 30 分。

1. 目的

测查应试人在无文字凭借的情况下说普通话的水平，重点测查语音标准程度、词汇语法规范程度和自然流畅程度。

2. 要求

说话话题从《普通话水平测试用话题》中选取，由应试人从给定的两个话题中选定一个话题，连续说一段话。

应试人单向说话。如发现应试人有明显背稿、离题、说话难以继续等表现时，主试人应及时提示或引导。

3. 评分

(1)语音标准程度(共 20 分，分六档)

一档：语音标准，或极少有失误，扣 0 分、0.5 分、1 分。

二档：语音错误在 10 次以下，有方音但不明显，扣 1.5 分、2 分。

三档：语音错误在 10 次以下，但方音比较明显，或语音错误在 10～15 次，有方音但不明显，扣 3 分、4 分。

四档：语音错误在 10～15 次，方音比较明显，扣 5 分、6 分。

五档：语音错误超过 15 次，方音明显，扣 7 分、8 分、9 分。

六档：语音错误多，方音重，扣 10 分、11 分、12 分。

(2)词汇语法规范程度(共 5 分，分三档)

一档：词汇、语法规范，扣 0 分。

二档：词汇、语法偶有不规范的情况，扣 0.5 分、1 分。

三档：词汇、语法屡有不规范的情况，扣 2 分、3 分。

(3)自然流畅程度(共 5 分，分三档)

一档：语言自然流畅，扣 0 分。

二档：语言基本流畅，口语化较差，有背稿子的表现，扣 0.5 分、1 分。

三档：语言不连贯，语调生硬，扣 2 分、3 分。

(4)说话不足 3 分钟(酌情扣分)

缺时 1 分钟以内(含 1 分钟)，扣 1 分、2 分、3 分；缺时 1 分钟以上，扣 4 分、5 分、

6分；说话不满30秒(含30秒)，本测试项成绩计为0分。

四、应试人普通话水平等级的确定

国家语言文字工作部门发布的《普通话水平测试等级标准》是确定应试人普通话水平等级的依据。测试机构根据应试人的测试成绩确定其普通话水平等级，由省、自治区、直辖市以上语言文字工作部门颁发相应的普通话水平测试等级证书。

普通话水平划分为三个级别，每个级别内划分两个等次。其中：

97分及其以上，为一级甲等；

92分及其以上但不足97分，为一级乙等；

87分及其以上但不足92分，为二级甲等；

80分及其以上但不足87分，为二级乙等；

70分及其以上但不足80分，为三级甲等；

60分及其以上但不足70分，为三级乙等。

五、说明

各省、自治区、直辖市语言文字工作部门可以根据测试对象或本地区的实际情况，决定是否免测“选择判断”测试项。如免测此项，“命题说话”测试项的分值由30分调整为40分，评分档次不变，具体分值调整如下。

(一)语音标准程度

语音标准程度的分值，由20分调整为25分。

一档：扣0分、1分、2分。

二档：扣3分、4分。

三档：扣5分、6分。

四档：扣7分、8分。

五档：扣9分、10分、11分。

六档：扣12分、13分、14分。

(二)词汇语法规范程度

词汇语法规范程度的分值，由5分调整为10分。

一档：扣0分。

二档：扣1分、2分。

三档：扣3分、4分。

(三)自然流畅程度

自然流畅程度的分值仍为5分，各档分值不变。

第二节 计算机辅助普通话水平测试评分试行办法

根据《普通话水平测试大纲》(教语用〔2003〕2号)，结合计算机辅助普通话水平测试实际，制定本试行办法。

读单音节字词、读多音节词语、朗读短文三项，由国家语言文字工作部门认定的计算机辅助普通话水平测试系统评定分数。

命题说话项由测试员评定分数。评分标准有以下六点。

①语音标准程度，共25分，分六档。

一档：语音标准，或极少有失误，扣0分、1分、2分。

二档：语音失误在10以下，有方音但不明显，扣3分、4分。

三档：语音错误在10以下，但方音比较明显，或语音错误在10～15次，有方音但不明显，扣5分、6分。

四档：语音错误在10～15次，方音比较明显，扣7分、8分。

五档：语音错误超过15次，方音明显，扣9分、10分、11分。

六档：语音错误多，方音重，扣12分、13分、14分。

②词汇语法规范程度，共10分，分三档。

一档：词汇、语法规范，扣0分。

二档：词汇、语法偶有不规范的情况，扣1分、2分。

三档：词汇、语法屡有不规范的情况，扣3分、4分。

③自然流畅程度，共5分，分三档。

一档：语言自然流畅，扣0分。

二档：语言基本流畅，口语化较差，有背稿子的表现，扣0.5分、1分。

三档：语言不连贯，语调生硬，扣2分、3分。

④说话不足3分钟，酌情扣分。

缺时1分钟以内(含1分钟)，扣1分、2分、3分；缺时1分钟以上，扣4分、5分、6分；说话不满30秒(含30秒)，本测试项成绩计为0分。

⑤离题、内容雷同，视程度扣分。

视程度扣4分、5分、6分。切勿使用或改编使用现成稿件，包括网络搜索、已出版或其他考生的稿件。

⑥无效话语，累计占时酌情扣分。

累计占时1分钟以内(含1分钟)，扣1分、2分、3分；累计占时1分钟以上，扣4分、5分、6分；有效语料不满30秒(含30秒)，本测试项成绩计为0分。

本试行办法由国家语委普通话培训测试中心负责解释。

第三节 轻松应对普通话水平测试

一、认真准备，轻松应考

造成应试人心情紧张的根本原因，首先是考前准备不充分，心里没底儿。克服这种心理状态的唯一办法就是平时多下点儿工夫，时时刻刻关注自己的普通话水平，利用一切机会学习普通话。具备了充足的实力，自信就有了，紧张心理就自然消除了。具体做法是：测试前充分了解普通话水平测试的全过程，做好相应准备，不要因为某个环节和预想的情况不一致而使自己手忙脚乱、无所适从；要以平静的心态对待说话题目的抽签，不要抱侥幸心理，认为抽到自己想要的题目就会超常发挥，其实每个题目难度差别并不大，关键还是要准备全面，胸有成竹。

二、利用规则，减少失误

读单音节字词时，如发现错读误读，不要轻易放弃，按规则是可以更正的。读多音节词语时，如果其中有一个字不认识，不要整个词都不读，多音节词语的每个音节独立计分，读对哪个字都能得到一半分。朗读短文时，发现某字错读或漏读，按规则，不能重读整个句子。命题说话要说自己熟悉的事情，不必刻意追求句子是否优美，故事是否生动有趣，不要时时看手表，担心3分钟到了没有。在整个测试中，每一项测试内容都有相应的测试规则，应试人在测试前应该充分掌握这些规则，避免不必要的失误。朗读与说话所占的分值比重较大，也是应试人容易失分的考项。

(一)单音节字词测试项

测试目标是声韵调。不跳行、漏字；声母有力，注意平翘舌、鼻边音、f和h；韵母完整，复元音韵母强调动程；调形准确，要有足够的时长保证调值；注意识别形近字；组词联想确认读音；快速翻查工具书确认陌生字读音。

(二)多音节词语项

测试目标依然是声韵调，增加音变现象。要注意上声连读、“一”“不”在语流中的变化；确认必读轻声词；儿化词发音自然；注意词语的朗读不同于单字，要形成语流；强调声调的准确性对语音面貌评判的影响。

(三)朗读短文测试项

测试目标是语音系统加朗读技能。注意声韵调、语流音变、停连、重音、语气语调；强调熟悉文本，忠实文本，在400字范围内念到一字不差、一字不漏；保证朗读一气呵成，不要有回读等心理；避免出现固定腔调，要抑扬顿挫，注意重音与节奏。

(四)命题说话测试项

测试目标是自然状态下的普通话口语表达。字化现象要避免(扣 2 分)；朗读文本现象很致命(扣 6 分)；紧紧围绕选定的话题，说满 3 分钟，直接离题、间接离题、讲 2 个以上话题等，将会导致严重失分；缺时以累计的空白秒扣分(开头或句间 5 秒内的停顿不失分)；避免出现无效语料(唱歌、背诗、长时间地列举、重复说相同的话等)，比照缺时扣分；说话是抓分大项，要口语化，准备思路比准备现成说话稿重要，尽量不要有文本依托，可按“是什么—为什么—比如说”的思路展开话题，充实相关的事例，避免卡壳。

单元 2

普通话语音知识

第一节 语　音

"锣鼓听声，说话听音。"尽管学习普通话必须兼顾语音、语法、词汇三个方面，但其中最重要的是语音的学习。在汉语中，不仅各大方言区之间的语音系统差别大，即使一个地区、一种方言内部，语音也有明显差异。从某种意义上讲，语音差异是造成人们口语交际困难的主要原因。所以，学习普通话的关键是学习语音。

本节的学习内容包括语音基础知识、普通话语音系统、音节三部分，它们是学习普通话的基础。了解了这些知识，可以帮助学习者更好地认识语音的性质和语音的基本概念，搞清楚人的发音器官和发音特点，掌握科学的发音方法，使自己的普通话语音更准确、响亮、清晰，为提高口语表达能力打下良好的基础。

一、语音基础知识

语言的学习是从语音开始的。学好一种语言，必须要学好语音。

语音是语言的物质外壳，它是由人的发音器官发出的能够表示一定意义的声音。语音是语言的表现形式，它通过声音使语言的口语交际功能成为现实，使语言成为人类最重要的交际工具。同时，语音又表示一定的意义，是最直接记录思维活动的符号体系，是语意的依托。

(一)语音的性质

语音具有生理性、社会性和物理性三方面的性质。

1. 语音的生理性

语音是由人的发音器官发出来的，这就决定了它具有生理性。人的发音器官包括三大部分(图 2-1)。

(1)肺和气管

肺是人呼吸气流的动力站，由肺部呼出的气流是语音的原动力。气管是气流的通道。肺部呼出的气流通过气管输送到喉头，作用于声带、咽腔、口腔、鼻腔等发音器官，从而发出各种不同的声音。

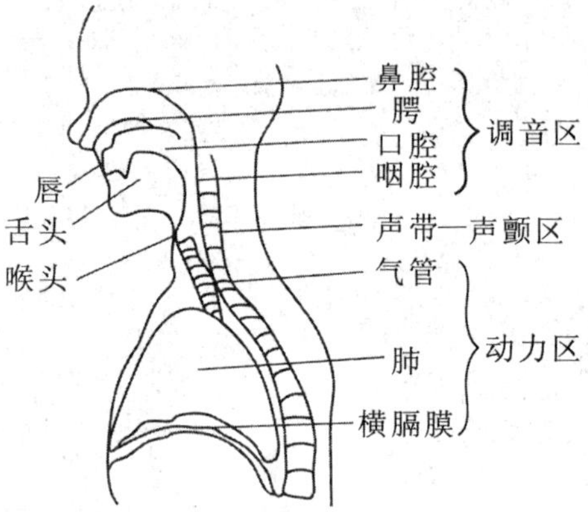

图 2-1　发音器官图

(2)喉头和声带

喉头由甲状软骨、环状软骨等组成，上通咽腔，下连气管。声带位于喉头的中间，是两片富有弹性的带状薄膜，是语音的发音体。两片声带之间的空隙叫声门。从肺部呼出的气流经过声带时，如果声门大开，气流就可以自由出入；如果声门关闭，气流需要从声门的窄缝中挤出，使声带产生振动，就发出声音。控制声带松紧的变化，就可以发出高低不同的声音。

(3)口腔和鼻腔

口腔和鼻腔是语音的共鸣器。口腔分为上、下两部分，上部分有上唇、上齿、上齿龈、硬腭、软腭和小舌，下部分有下唇、下齿、下齿龈和舌头。舌头又分为舌尖、舌面、舌根三部分。这些发音部位是普通话发音时经常用到的。鼻腔和口腔靠软腭和小舌隔开，软腭和小舌的上下活动，可以控制和调节气流是由口腔排出还是由鼻腔排出。软腭和小舌上升时，阻住鼻腔的通道，这时发出的音在口腔中共鸣，叫作口音，如 a、o、e、b、p、f 等。当软腭下垂时，气流在口腔中的通路被阻塞，只能从鼻腔呼出，这时发出的音主要在鼻腔中共鸣，叫作鼻音，如普通话语音中的 m、n、ng。

2. 语音的社会性

从社会角度看，语音是一种社会现象。

首先，从声音和意义的关系来看，语音和语义之间没有必然的联系，也就是说，什么样的声音表达什么样的意义，或者什么样的意义用怎样的语音形式表示，并不取决于声音和意义本身，而是社会成员约定俗成的。社会属性是语音的本质属性，也是语音区别于自然界一切声音的本质特征。同一个语音，对不同的语言和不同的民族来说所代表的意义就有可能不同；即便是同一个民族，在不同地区，同一个语音的意义也会有差别。

其次，从语音的系统性来看，各种语言都有自己的语音系统。用什么样的声音作为区别意义的最小单位，这些声音如何组合等，也是社会成员约定俗成的。例如，汉语有声调，英语、俄语就没有；普通话中有翘舌音 zh、ch、sh，有些汉语方言中就没有。

3. 语音的物理性

语音与人声带的振动密切相关，所以它具有物理性。和其他所有声音一样，语音也具备音高、音强、音长、音色四个物理特征，它们是语音的四要素。

(1)音高

音高是指声音的高低，它取决于声带振动的频率。在同一单位时间内声带振动的次数越多，声音就越高，反之则越低。对普通话来说，音高的作用十分重要，声调的变化是由音高决定的。

(2)音强

音强是指声音的强弱，它取决于音波振幅的大小。振幅大的声音强，振幅小的声音弱。音波振幅的大小又取决于发音时用力的大小。语音的强弱是由气流冲击声带的力量决定的，发音时用力大，气流强，音波振幅就大，声音自然就强。音强在语音中主要体现在轻重音上。例如，“莲子”与“帘子”中都有“子”，前者要读上声，后者则读轻声，由于两个“子”的音强不同，因此从听觉上就能区别两者的意义。

(3)音长

音长是指声音的长短，它取决于发音体振动时间的长短。振动时间长，声音就长，反之则短。语音的长短是由发音时声带振动时间的长短决定的。语音中的语调、轻声都与音长密切相关。

(4)音色

音色是指声音的特色，也是声音的本质，因此又叫音质。音色的不同，主要是由三个条件决定的。第一，发音体不同。例如，锣和鼓都是打击乐器，其中锣是金属的，鼓是皮面的，由于发音体不同，它们便有各自的声音特色；语音也一样，b 和 k 的音色不同是由于前者的发音体是双唇，后者的发音体则是舌根和软腭。第二，发音方法不同。例如，二胡和琵琶同是弦乐，二胡用弓弦拉，琵琶用手指弹拨，不同的发音方法，形成不同的音色。第三，共鸣器的形状不同。例如，小提琴和二胡虽然同是用弓弦拉的乐器，但小提琴的共鸣箱是扁平的，二胡的共鸣箱是圆筒形的，因而演奏时各具特色。对语音来说，音色最重要，发音方法的不同和共鸣腔的变化使语音产生差别，从而形成不同的音色。

(二)语音的基本概念

1. 音节和音素

音节是语音的基本结构单位，是指听觉上能够感受到的最自然的语音片段。一般来说，汉语中一个汉字就是一个音节。

音素是构成音节的单位。有的音节由一个音素构成，如 ā(啊)；有的音节由两个或两个以上的音素构成，如 bā(八)由 b 和 a 两个音素构成，bēi(杯)由 b、e、i 三个音素构成；普通话中的音节最多由四个音素构成，如 jiāng(姜)就是由 j、i、a 和 ng 四个音素构成的。需要注意的是，音素不同于字母，字母是最小的书写单位，音素是最小的语音单位。普通话的语音系统中，一般一个音素用一个字母表示，只有 zh、ch、sh、ng、er 五个音素是用两个字母来表示的。

2. 元音和辅音

音素可分为元音和辅音两类。发音时，气流在口腔中不受显著阻碍而形成的音叫元音，气流在口腔中受到明显阻碍而形成的音叫辅音。普通话的语音系统中，元音有 10 个，辅音有 22 个。

元音又叫母音，其特点是：发音时声带振动，声音响亮并可以延长；发音时气流在口腔中不受显著阻碍，各发音部位保持均衡、紧张状态。普通话中的 10 个元音是：ɑ、o、e、ê、i、u、ü、er、-i(前)、-i(后)。

辅音又叫子音，其特点是：发音时声带不振动，声音一般不响亮；气流在口腔中一定受到某部位的阻碍，个别发音部位特别紧张。普通话中的 22 个辅音是：b、p、m、f、d、t、n、l、g、k、h、j、q、x、zh、ch、sh、r、z、c、s、ng。

3. 声母、韵母和声调

汉语语音学传统的分析方法是把一个汉字的字音划分成声母、韵母、声调三部分。声母是音节中开头的辅音，韵母是音节中声母后面的部分，声调就是音节中具有区别意义作用的音高变化。例如，在 dào（到）这个音节中，开头的辅音 d 是声母，ɑo 是韵母，“ˋ”就是声调。有些音节开头没有辅音，如 ǎo(袄)，这种情况被称为零声母。

二、普通话语音系统

每种语言或方言都有自己的语音系统。学习普通话实际上就是要辨正自己的方言语音系统，学习并掌握普通话的语音系统。普通话语音系统主要包括声母、韵母、声调、音节以及音变等。

(一)普通话的声母

声母是音节中开头的辅音。普通话的声母包括零声母在内共有 22 个。

b	八	边	兵	p	坡	片	喷	m	妈	摸	猫	f	发	翻	芳
d	搭	单	丁	t	它	滩	听	n	南	牛	年	l	拉	来	狼
g	哥	甘	钢	k	开	康	宽	h	海	含	航				
j	家	洁	净	q	齐	球	青	x	西	鲜	星				
zh	知	专	中	ch	吃	穿	超	sh	诗	山	双	r	日	锐	荣
z	资	遭	增	c	猜	次	苍	s	丝	三	桑				
零声母	安	鹅	网	云											

(二)普通话的韵母

韵母是音节中声母后面的部分。普通话的韵母共有 39 个。

				i	衣	弟	披	u	布	木	竹	ü	女	鱼	句
ɑ	啊	巴	闸	iɑ	压	加	虾	uɑ	瓜	抓	刷				

e 歌 蛇 棵	ie 跌 街 叶		üe 月 略 雀
o 波 坡 佛		uo 多 果 窝	
ai 该 台 麦		uai 歪 坏 帅	
ei 北 飞 黑		uei 对 会 追	
ao 宝 高 跑	iao 要 标 条		
ou 头 口 手	iou 优 秋 牛		
an 班 担 案	ian 点 烟 建	uan 短 关 碗	üan 绢 泉 宣
en 本 粉 枕	in 音 新 您	uen 吞 昏 文	ün 菌 寻 云
ang 党 房 港	iang 凉 江 样	uang 窗 双 荒	
eng 灯 僧 正	ing 冰 京 英	ueng 翁 瓮 嗡	
		ong 冬 龙 虫	iong 兄 用 穷
ê 欸			
-i(前) 紫 词 四			
-i(后) 支 池 湿 日			
er 而 二 耳 儿			

(三)普通话的声调

声调是音节中具有区别意义作用的音高变化。普通话共有 4 个声调。

阴平	ˉ	山 花 春 方
阳平	ˊ	明 红 门 田
上声	ˇ	水 柳 米 口
去声	ˋ	秀 绿 汉 木

另外，普通话中还存在着一种特殊声调——轻声，例如，“太阳”的“阳”，“讲究”的“究”都读轻声。

(四)普通话的音节

普通话中的一个音节由声母、韵母、声调三部分构成。一般来说，一个汉字就是一个音节。例如，rén(人)就是一个音节；“普通话”(pǔ tōng huà)写下来是三个汉字，读起来是三个音节。可见，音节与音节的界线非常易于辨析。只有儿化词，如“花儿”写作两个汉字，却是一个音节 huár，这是特殊的语音现象。

(五)普通话的音变

在说话和朗读时，音节之间、音素之间、声调之间会互相影响而使语音发生一定的变化，这就是音变。普通话中的音变现象有轻声、儿化、变调、语气词“啊”的变化等。

三、音节

(一)音节的结构

普通话的音节由声母、韵母和声调三部分构成，韵母又包括韵头、韵腹、韵尾三个结构成分。例如，韵母 iao 中，i 是韵头，a 是韵腹，o 是韵尾。韵头和韵腹都必须是元音，韵尾可以是元音也可以是鼻辅音。

普通话的音节结构有如下五个特点(表 2-1)。

第一，每个音节最少必须有一个音素。一个音节至少要由韵腹和声调两部分组成，最多可以由五个部分组成。一个音节可以没有声母，但不能缺少韵母和声调。韵母中可以没有韵头、韵尾，但必须有韵腹。

第二，元音音素在音节中占有优势。每个音节至少有一个元音，最多可以有三个元音。如果有三个元音音素，它们必须连续排列，分别充当韵头、韵腹和韵尾。

第三，音节中可以没有辅音。如果有辅音，辅音音素只能出现在音节的开头(做声母)或末尾(做韵尾)，没有两个辅音连续排列的情况。

第四，能够充当韵头的只有 i、u、ü 三个，韵尾可以由 i、u(o)或鼻辅音 n、ng 充当。所有的单元音都能充当韵腹。

第五，汉语的音节必须有声调。

表 2-1　普通话音节结构示例分析表

结构成分 例字	声母	韵母			声调
		韵头	韵腹	韵尾	
权	q	u	a	n	ˊ
威		u	e	i	ˉ
脑	n		a	o	ˇ
花	h	u	a		ˉ
藕			o	u	ˇ
叶		i	ê		ˋ
马	m		a		ˇ
鹅			e		ˊ
昂			a	ng	ˊ
庄	zh	u	a	ng	ˉ

(二)音节的拼读

1. 拼音要领

拼音是拼读音节的过程，拼音的要领是“前音(声母)轻短后音(韵母)重，两音相连猛一碰”。例如，pa(趴)的拼音，就是把 p 和 a 连续快读成 pa，p 和 a 之间不能停顿。

“前音轻短后音重”是说拼读时声母要尽量读得轻短，韵母要读得重一些、长一些，而“两音相连猛一碰”则要求拼合时的速度要快，声母和韵母之间不能停顿。韵头要读得轻短，但不能丢失。比如，“光”的韵母是 uang，如果丢失了韵头 u，“光”就变成“刚”了。

鼻韵母要读准韵尾 n 和 ng。

2. 拼音方法

普通话音节常用的拼音方法有四种：两拼法、三拼法、声介合母法和整体认读法。

(1)两拼法

两拼法就是把声母与韵母直接相拼的方法。拼读时，把整个音节分成声母和韵母两部分，不论韵母的结构简单还是复杂，都把韵母当作一个整体。先读声母，再读韵母，快速相拼，然后读出音节，如 p—a→pa、h—ao→hao。使用两拼法时可以将韵母带上声调，这种拼读方法也叫韵母定调两拼法，如 sh—àng→shàng(上)、k—ǒu→kǒu(口)。

(2)三拼法

三拼法就是把声母、韵头和韵腹(含韵尾)三部分连续拼读的方法，它适用于有韵头的音节。在拼读时，把整个音节分成声母、韵头、韵腹(含韵尾)三部分连续相拼。例如，j—i—an→jian、k—u—a→kua。

(3)声介合母法

声介合母法先把声母和韵头 i、u、ü 拼合为一个整体，再与后面的韵母相拼成音节。例如，zhu—ang→zhuang、bi—ao→biao。声介合母法适用于有介音的韵母的拼合，但并不是所有 i、u、ü 起头的韵母都能采用声介合母法。其中，ie、iu、in、ing、ui、un、üe、ün 八个韵母，只能使用两拼法。

(4)整体认读法

整体认读法是指像读一个汉字那样把音节直接读出来的方法。

第二节 声 母

普通话的声母包括零声母在内共 22 个。

一、按照发音部位分类

普通话的声母按照发音部位可以分为七类。

双唇音：b、p、m。

齿唇音：f。

舌尖前音：z、c、s。

舌尖中音：d、t、n、l。

舌尖后音：zh、ch、sh、r。

舌面前音：j、q、x。

舌面后音：g、k、h。

二、按照发音方法分类

普通话的声母按照发音方法可以分为五类。

塞音：b、p、d、t、g、k。
擦音：f、h、x、sh、r、s。
塞擦音：j、q、z、c、zh、ch。
鼻音：m、n。
边音：l。

三、按照声带是否颤动分类

普通话的声母按照发音时声带颤动与否可分为清音、浊音两类。发辅音时，声带可以处于两种状态，一种是声带不颤动，产生清音，另一种是声带颤动，产生浊音。前者称为清辅音，后者称为浊辅音。

浊音：m、n、l、r。
清音：普通话 21 个辅音声母里除 m、n、l、r 外，其余 17 个都是清音声母。

四、按照发音时气流强弱分类

普通话的声母按照发音时气流强弱，可分为送气音和不送气音两类。送气音和不送气音是成对的，如 b 和 p、d 和 t、g 和 k、z 和 c、zh 和 ch、j 和 q 。声母发音要求准确、到位。

不送气音：b、d、g、j 、zh、z。
送气音：p、t、k、q 、ch 、c。

第三节 韵 母

普通话有 39 个韵母，其中 23 个由元音充当，16 个由元音附带鼻辅音韵尾构成。按韵母的结构特点，一般把韵母分为三类：单韵母、复韵母、鼻韵母。

一、单韵母

由单纯元音构成的韵母叫单韵母。普通话有 10 个单韵母，其中舌面单元音韵母有 7 个：ɑ、o、e、ê、i、u、ü，特殊元音韵母有 3 个：-i(前)、-i(后)、er。

二、复韵母

复韵母是由复合元音充当韵母。复合元音是由一串元音音素复合而成的，从听觉上已经复合成一个固定的音组。普通话中复韵母有 13 个，按主要元音所处的前后位置的不同可分为前响复韵母、后响复韵母、中响复韵母。前响复韵母指主要元音在前的复韵母，有 4 个：ɑi、ei、ɑo、ou 。后响复韵母指主要元音在后的复韵母，有 5 个：iɑ、ie、uɑ、uo、üe 。中响复韵母指主要元音位居中间的韵母，有 4 个：iɑo、iou、uɑi、uei。

三、鼻韵母

以鼻辅音 n 或 ng 作为韵尾的韵母叫鼻韵母。普通话中鼻韵母共有 16 个，分两种。

一种是带舌尖鼻音 n 的叫前鼻韵母，有 8 个：an、ian、uan、üan、en、in、uen、ün；另一种是带舌根鼻音 ng 的叫后鼻韵母，有 8 个：ang、iang、uang、eng 、ing、ueng、ong、iong。

第四节 声调和变调

声调是指一个音节发音时的高低升降。普通话语音里，声调有 4 个，其中阴平是第一声，阳平是第二声，上声是第三声，去声是第四声，统称四声。这 4 个声调就是普通话里的 4 个调类，它采用五度标记法，作为标调符号来描写音节的声调。4 个声调的调值分别为：55(阴平)、35(阳平)、214(上声)、51(去声)，这也是声调的实际念法。

普通话中每个音节都不是一个孤立的单位，音节和音节连续读出，声调相互影响，或多或少要发生变化，不能保持原来的调值，这种现象叫变调。变调是一种自然音变现象，对语言的表达没有影响。普通话的变调主要有上声变调、“一”和“不”的变调。

一、上声变调

上声是个曲折调，又比较长，在快速连读时常常会被挤短、扯直，不是把开头的下降部分挤掉，就是把末尾的上升部分挤掉。上声在阴平、阳平、上声、去声前都会产生变调，只有在单念或位于词语句子的末尾时才读原调。上声变调的具体规律如下。

(一)“上声＋非上声”的变调

上声在阴平、阳平、去声前，即在非上声前，上声变为半上声，调值由 214 变为 211。例如：

上声＋阴平　　语音　水灾　每天　体操　奖金　摆脱
上声＋阳平　　语言　水泥　每年　准时　保留　旅行
上声＋去声　　语素　水库　每月　可爱　宝贵　土地

(二)“上声＋上声”的变调

两个上声相连，前一个上声变为阳平，调值为 35。例如：

语法　水产　美好　领导　永远　首长

(三)“上声＋轻声”的变调

上声在轻声音节前变成半上声或阳平。

第一，上声与本调是阴平、阳平、去声的轻声字相连，变为半上声，调值为 211。例如：

比方　讲究　枕头　老实　好处　脑袋

第二，亲属称谓的上声重叠词或以“子”做后缀的名词，前面的上声字变为半上声，调值为 211。例如：

姥姥　姐姐　宝宝　矮子　斧子　爪子

第三，上声与本调是上声的轻声字相连，前面的上声字变为阳平，调值为35。例如：

打手　小姐　哪里　写写　法子　讲讲

(四)三个上声相连的变调

三个上声音节相连，有两种变调，这与词语内部语法结构有关。

第一，当词语的结构是“双单格”时，即“双音节＋单音节”，前两个音节变为阳平，调值为35，第三个音节不变调。例如：

展览馆　选举法　洗脸水　打靶场　草稿本　老虎口

第二，当词语的结构是“单双格”时，即“单音节＋双音节”，开头音节是被强调的逻辑重音，读作半上声，调值变为211，第二个音节则按“上上”变调规律变为阳平，调值为35，第三个音节不变调。例如：

党小组　老保守　厂党委　小拇指　好小伙　纸老虎

二、“一”和“不”的变调

“一”和“不”两个字，单念时“一”读原调阴平，“不”读原调去声，但用在语句中就不一定读它原来的声调。有的人不了解其变化规律，常常把声调读错。

(一)“一”的变调

1. 变调规律

第一，当“一”单念或用在词句末尾，或表示序数、基数时，读原调阴平，调值为55。例如：

一　统一　划一　万一　第一　说一不二　数一数二

第二，当“一”在去声前时读阳平，调值为35。例如：

一致　一阵　一切　一块　一定

第三，当“一”在非去声(阳平、阳平、上声)前时读去声，调值为51。例如：

一杯　一天　一年　一直　一起　一场

第四，当“一”夹在重叠式的动词之间时，原声调变轻声。例如：

看一看　试一试　等一等　想一想　学一学　停一停

2. 变调练习

读下列词语，注意“一”的变调。

一致通过　一切顺利　一定照办　一样轻重　一律作废

一天到晚　一声大喊　一帆风顺　一知半解　一张白纸

始终如一　国家统一　整齐划一　百里挑一　大年初一

(二)“不”的变调

1. 变调规律

第一，当“不”单念或用在词句末尾，或在非去声(阴平、阳平、上声)前均读原调去声，调值为 51。例如：

不　决不　不说　不谈　不写　不分心

第二，当“不”在去声前时读阳平，调值为 35。例如：

不错　不看　不见　不对　不过　不放心

第三，当“不”夹在动词或形容词之间、夹在动词补语之间时读轻声。例如：

信不信　行不行　想不想　能不能　差不多　看不清

2. 变调练习

读下列词语，注意“不”的变调。

不相上下　不说假话　不听劝告　不知好歹　不欢而散
不能迟到　不难学会　不劳而获　不愁吃穿　不由自主
不可多得　不许说谎　不敢相信　不管闲事　不懂外语
不信鬼神　不算高明　不大可能　不怕困难　不必客气

第五节　音　变

学说普通话时，有的人把每个音节的声母、韵母和声调都读得很准，说出的话也字字都对，但别人听起来还是觉得别扭。这是什么原因呢？原来是“音变”出了问题。要想说一口标准的普通话，除了学好声母、韵母、声调以外，还必须掌握普通话的音变规律，只有这样，说出的普通话才会自然流畅、纯正地道，有韵味，有美感。

人们在日常说话中，一句话往往形成一个连续的语流。在连续的语流中，由于前后音节的相互影响，有的音节读音发生了变化，即在具体的词语里的读音跟单独念的时候有所不同，这就是音变。普通话的音变主要包括变调、轻声、儿话、语气词“啊”的音变等，本节主要介绍轻声、儿话和语气词“啊”的音变。

一、轻声

普通话的每个音节都有一定的声调，但在一定的语言环境中，有的音节失去原调，读成一种又轻又短的调子，这就是轻声。例如“先生”(xiānsheng)“金子”(jīnzi)，如果读成 xiān・shēng、jīn・zǐ，听起来就很不自然。轻声是音节连读时产生的一种音变现象，轻声音节总是出现在其他音节后面，或是夹在词语中间，一般不出现在词语的开头。

(一)轻声的作用

轻声具有区别词性和词义的功能。下列词语中加点的字读轻声和不读轻声，词性和词义差别很大。

{大意(dà · yì)　名词，指主要内容
大意(dàyi)　形容词，指疏忽、粗心

{地道(dì · dào)　名词，地下通道
地道(dìdao)　形容词，指真正、纯粹的

{差使(chāi · shǐ)　动词，差遣
差使(chāishi)　名词，指任务，工作

{东西(dōng · xī)　名词，指方向
东西(dōngxi)　名词，指物件

有些轻声词虽然没有区别意义的作用，但也要读成轻声，否则会影响语言的流畅和语气的变化，如“云彩”“豆腐”“干部”等。

(二)轻声发音变化规律

轻声的出现与语境有关，也与语法、构词等有关。以下几种情况一般读轻声。

第一，助词“的、地、得、着、了、过”等，一般读轻声。例如：

好的　生气地说　写得好　走着　笑了　读过

第二，语气词“啊、吗、呢、哇、吧、啦”等，一般读轻声。例如：

喝啊　好吗　书包呢　走哇　来吧　下雪啦

第三，构词用的后缀“子、头、们、巴、么”等，一般读轻声。例如：

桌子　石头　你们　下巴　那么

需要注意的是实语素的“子、头”不能读轻声。例如：

王子　莲子　电子　钟头　出头　床头

第四，名词或代词后面的方位词“上、下、里、边、面”等，一般读轻声。例如：

山上　地下　家里　左边　东边　后面

方位词“内、外”一般不读轻声。例如：

室内　礼堂外

第五，动词、形容词后的趋向动词“去、来、起来、下去”等，一般读轻声。例如：

出去　过去　进来　看起来　红起来　说下去

第六，叠音词的第二个音节和重叠动词的第二、四个音节以及夹在词语中间的“一”和“不”，一般读轻声。例如：

看看　走走　商量商量　打听打听　瞧一瞧　来不来

第七，量词“个、些”和表约数的“来、把”等，一般读轻声。例如：

三个人　哪个门　那些事　这些东西　十来天　个把月

第八，有些双音节词第二个音节读轻声。例如：

告诉　灯笼　蘑菇　玻璃　豆腐　消息

各地方言中都有较为丰富的轻声现象，但多数和普通话中读轻声的词语不一致。要想说好普通话，就必须分辨出哪些词语是普通话必读轻声词。一般情况下，有规律的轻声词比较好掌握，而那些规律性不强的，习惯上又要读轻声的，或者可轻读也可重读的词语较难把握。因此，我们必须牢记《普通话水平测试用必读轻声词语表》中的轻声词。

二、儿化

在普通话里，er 是一个比较特殊的韵母，它不能同声母相拼，也不能同其他音素组

合成复合韵母。在汉字中，er 自成音节的情况并不多见，常见的有“二、贰、耳、而、儿、饵、尔”等字。除此之外，er 常附在其他音节后面，使这个音节的韵母发生变化，成为一个带卷舌动作的韵母，这就是儿化现象。儿化后的韵母称儿化韵。普通话韵母除 ê、er 之外，都可以儿化。儿化音节的拼写是在原来的韵母后面加上一个 r，如“事儿”写成 shir。

(一)儿化的作用

儿化在表达词语的语法意义和感情色彩方面都起着很大的作用。

第一，表示喜爱、亲切、温婉的语感。例如：

小孩儿　　小曲儿　　小花儿　　山歌儿　　好玩儿　　慢慢儿走

第二，表示细小、轻微的意思。例如：

小鱼儿　　小鸡儿　　门缝儿　　树枝儿　　小米儿　　小脸儿

第三，区分词性。例如：

盖(动词)—盖儿(名词)—盖盖儿

罩(动词)—罩儿(名词)—用罩儿罩上

第四，区别词义。例如：

信(信件)—信儿(消息)

末(最后)—末儿(细碎的或呈粉状的东西)

(二)儿化韵发音变化规律

韵母儿化大致有两种情况：一种是虽然儿化了，但原韵母不变，如“号码儿”(hàomǎr)中的“码”，儿化后韵母还是 a；另一种是儿化后，原韵母发生了变化，如“树根”(shùgēn)中的“根”，儿化后韵尾 n 丢失，实际读成了 shùgēr。由于儿化，有的韵母发生了变化，致使有些本来不同音的音节，变成了同音，如“针”(zhēn)和“枝”(zhī)，儿化之后，读音都是 zhēr。儿化的音变规律如下。

第一，音节末尾是 a、o、e、u 的，儿化时在原韵母后直接加表示卷舌动作的 r。例如：

草帽儿 cǎomàor　　粉末儿 fěnmòr　　唱歌儿 chànggēr

书桌儿 shūzhuōr　　一下儿 yīxiàr　　手稿儿 shǒugǎor　　小猴儿 xiǎohóur

第二，韵母是 i、ü 的音节，儿化时韵母不变，在原韵母之后加上 er。例如：

玩意儿 wányìer　　毛驴儿 máolǘer　　小米儿 xiǎomǐer　　有趣儿 yǒuqùer

第三，韵母为-i 的音节，儿化后丢掉原韵母-i，加上 er。例如：

词儿 cér　　事儿 shèr　　写字儿 xiězèr　　果汁儿 guǒzhēr

第四，以 i 或 n 为韵尾的韵母，儿化后丢掉韵尾，加上 r。例如：

刀背儿 dāobèr　　菜儿 càr　　心眼儿 xīnyǎr　　分儿 fēr

第五，韵尾为 ng 的韵母，儿化后失落韵尾，并将主要元音鼻化，然后加上卷舌动作。例如：

凉风儿 liángfēr　　帮忙儿 bāngmár　　胡同儿 hútòr　　瓜瓤儿 guārár

第六，韵母 in、ün 儿化后，丢掉韵尾 n，后面加上 er；韵母 ing 儿化后，丢掉韵尾 ng，后面加上鼻化的 er。例如：

手印儿 shǒuyìer　　花裙儿 huāqúer　　送信儿 sòngxìer　　花瓶儿 huāpíer

各地方言的儿化词比较复杂。有些词普通话中没有儿化，而方言中儿化了；有的普通话中要儿化，而方言中却没有儿化。此外，一些方言中的词语虽然和普通话的儿化相同，但发音却与普通话不同。所以，我们要及时总结自己方言的规律，判断哪些词语是普通话的儿化必读词，按照儿化韵发音变化规律正确地读好儿化词。

需要注意的是，并非所有末尾有“儿”字的词语都读儿化音，在文学语言中，有时“儿”要读轻声。例如：

心儿　　风儿　　云儿

花儿红，鸟儿叫。

弯弯的月儿小小的船，小小的船儿两头尖。

三、语气词“啊”的音变

“啊”是表达语气、感情的基本声音。“啊”用于句首或单念时，读单是 a。当“啊”用在句末或句中表停顿时，由于受前面音节末尾音素的影响，常发生不同的音变现象。在朗读或说话时，读准语气词“啊”，可以使语气自然，语音色彩更加丰富。

（一）音变规律

第一，“啊”前面的音素是 a、o、e、ê、i、ü（ao、iao 除外）时，“啊”读 ya，可写作“呀”。例如：

他怎么不回家（jiā）啊？

好大的萝卜（bo）啊！

已经很晚了（le）啊！

那是谁的鞋（xié）啊？

你可要拿定主意（yi）啊！

会不会下雨（yǔ）啊？

第二，“啊”前面的音素是 u（包括 ao、iao）时，“啊”读 wa，可写作“哇”。例如：

他会不会跳舞（wǔ）啊？

这个小朋友真好（hǎo）啊！

花篮做得多精巧（qiǎo）啊！

第三，“啊”前面的音素是 n 时，“啊”读 na，可写作“哪”。例如：

真是一方水土养一方人（rén）啊！

早晨的空气多清新（xīn）啊！

第四，“啊”前面的音素是 ng 时，“啊”读 nga，可写作“啊”。例如：

河水真清（qīng）啊！

大家唱(chàng)啊！

第五，“啊”前面的音素是-i(后)时，“啊”读 ra，可写作“啊”。例如：

怎么这么多树枝(zhī)啊！

这道菜炒得真好吃(chī)啊！

她真是一位好老师(shī)啊！

今天你值日(rì)啊！

歌声多么悦耳(ěr)啊！

多可爱的小狗儿(ěr)啊！

第六，“啊”前面的音素是-i(前)时，“啊”读 za，可写作“啊”。例如：

要好好练字(zì)啊！

人生会有多少个第一次(cì)啊！

你可要三思(sī)啊！

“啊”的音变规律，不需要一一硬记，只要由前一个音节的韵母顺势滑向 a，自然就会读出 a 的变音来。此外，用汉语拼音拼写音节时，“啊”仍写作 a，不必标明音变情况。

(二)音变练习

读准下列句子，注意“啊”的音变。

①就等你回家啊！

②多美的花啊！

③快上坡啊！

④大家快来吃菠萝啊！

⑤给大伙儿唱个歌啊！

⑥才讲了半截啊！

⑦这孩子多活跃啊！

⑧好新式的大衣啊！

⑨日子过得真快啊！

⑩快帮我解围啊！

⑪您在哪儿住啊？

⑫她普通话说得真好啊！

⑬还这么小啊！

⑭屋顶还漏不漏啊？

⑮看你一身油啊！

⑯这件事可不简单啊！

⑰笑得真欢啊！

⑱亲人啊！

⑲买这么些冷饮啊！

⑳发音真准啊！

㉑小心烫手啊！
㉒小点儿声啊！
㉓行啊！
㉔不管用啊！
㉕两个什么字啊？
㉖这是第几次啊？
㉗她就是老四啊！
㉘没法治啊！
㉙随便吃啊！
㉚什么了不起的事啊？
㉛他是史老师啊！
㉜搓耳朵好玩儿啊！
㉝她是王小二啊！
㉞鸡啊、鸭啊、猫啊、狗啊，一块儿水里游啊！
㉟牛啊、羊啊、马啊、骡啊，一块进鸡窝啊！
㊱狮啊、虫啊、虎啊、豹啊，一块街上跑啊！
㊲兔啊、猫啊、鼠啊、孩子啊，一块儿上窗台儿啊！

单元 3

普通话水平测试实用材料

第一节 普通话水平测试用必读轻声词语表

说　明

1. 本表根据《普通话水平测试用普通话词语表》编制。
2. 本表仅供普通话水平测试第二项——读多音节词语(100 个音节)测试使用。
3. 本表共收词 546 条(其中“子”尾词 206 条),按汉语拼音字母顺序排列。

【a】

爱人　案子

【b】

巴掌　把(bǎ)子　把(bà)子　爸爸　白净　班子　板子　帮手　梆子　膀子　棒槌
棒子　包袱　包涵　包子　豹子　杯子　被子　本事　本子　鼻子　比方　鞭子
扁担　辫子　别扭　饼子　拨弄　脖子　簸箕　补丁　不由得　不在乎　步子
部分

【c】

裁缝　财主　苍蝇　差事　柴火　肠子　厂子　场子　车子　称呼　池子　尺子
虫子　绸子　除了　锄头　畜生　窗户　窗子　锤子　刺猬　凑合　村子

【d】

耷拉　答应　打扮　打点　打发　打量　打算　打听　大方　大爷　大夫　带子
袋子　耽搁　耽误　单子　胆子　担子　刀子　道士　稻子　灯笼　凳子　提防
笛子　底子　地道　弟弟　弟兄　点心　调子　钉子　东家　东西　动静　动弹
豆腐　豆子　嘟囔　肚(dǔ)子　肚(dù)子　缎子　对付　对头　队伍　多么

【e】

蛾子　儿子　耳朵

【f】

贩子　房子　份子　风筝　疯子　福气　斧子

【g】

盖子　甘蔗　杆(gān)子　杆(gǎn)子　干事　杠子　高粱　膏药　稿子　告诉
疙瘩　哥哥　胳膊　鸽子　格子　个子　根子　跟头　工夫　弓子　公公　功夫
钩子　姑姑　姑娘　谷子　骨头　故事　寡妇　褂子　怪物　关系　官司　罐头
罐子　规矩　闺女　鬼子　柜子　棍子　锅子　果子

【h】

蛤蟆　孩子　含糊　汉子　行当　合同　和尚　核桃　盒子　红火　猴子　后头
厚道　狐狸　胡琴　糊涂　皇上　幌子　胡萝卜　活泼　火候　伙计　护士

【j】

机灵　脊梁　记号　记性　夹子　家伙　架势　架子　嫁妆　尖子　茧子　剪子
见识　毽子　将就　交情　饺子　叫唤　轿子　结实　街坊　姐夫　姐姐　戒指
金子　精神　镜子　舅舅　橘子　句子　卷子

【k】

咳嗽　客气　空子　口袋　口子　扣子　窟窿　裤子　快活　筷子　框子　困难
阔气

【l】

喇叭　喇嘛　篮子　懒得　浪头　老婆　老实　老太太　老头子　老爷　老子
姥姥　累赘　篱笆　里头　力气　厉害　利落　利索　例子　栗子　痢疾　连累
帘子　凉快　粮食　两口子　料子　林子　翎子　溜达　聋子　笼子　炉子　路子
轮子　萝卜　骡子　骆驼

【m】

妈妈　麻烦　麻利　麻子　马虎　码头　买卖　麦子　馒头　忙活　冒失　帽子
眉毛　媒人　妹妹　门道　眯缝　迷糊　面子　苗条　苗头　名堂　名字　明白
蘑菇　模糊　木匠　木头

【n】

那么　奶奶　难为　脑袋　脑子　能耐　你们　念叨　念头　娘家　镊子　奴才
女婿　暖和　疟疾

【p】

拍子　牌楼　牌子　盘算　盘子　胖子　狍子　盆子　朋友　棚子　脾气　皮子
痞子　屁股　片子　便宜　骗子　票子　漂亮　瓶子　婆家　婆婆　铺盖

【q】

欺负　旗子　前头　钳子　茄子　亲戚　勤快　清楚　亲家　曲子　圈子　拳头
裙子

【r】

热闹　人家　人们　认识　日子　褥子

【s】

塞子　嗓子　嫂子　扫帚　沙子　傻子　扇子　商量　上司　上头　烧饼　勺子
少爷　哨子　舌头　身子　什么　婶子　生意　牲口　绳子　师傅　师父　虱子
狮子　石匠　石榴　石头　时候　实在　拾掇　使唤　世故　似的　事情　柿子
收成　收拾　首饰　叔叔　梳子　舒服　舒坦　疏忽　爽快　思量　算计　岁数
孙子

【t】

他们　它们　她们　台子　太太　摊子　坛子　毯子　桃子　特务　梯子　蹄子
挑剔　挑子　条子　跳蚤　铁匠　亭子　头发　头子　兔子　妥当　唾沫

【w】

挖苦　娃娃　袜子　晚上　尾巴　委屈　为了　位置　位子　蚊子　稳当　我们
屋子

【x】

稀罕　席子　媳妇　喜欢　瞎子　匣子　下巴　吓唬　先生　乡下　箱子　相声
消息　小伙子　小气　小子　笑话　谢谢　心思　星星　猩猩　行李　性子　兄弟
休息　秀才　秀气　袖子　靴子　学生　学问

【y】

丫头　鸭子　衙门　哑巴　胭脂　烟筒　眼睛　燕子　秧歌　养活　样子　吆喝
妖精　钥匙　椰子　爷爷　叶子　一辈子　衣服　衣裳　椅子　意思　银子　影子
应酬　柚子　冤枉　院子　月饼　月亮　云彩　运气

【z】

在乎　咱们　早上　怎么　扎实　眨巴　栅栏　宅子　寨子　张罗　丈夫　帐篷
丈人　帐子　招呼　招牌　折腾　这个　这么　枕头　镇子　芝麻　知识　侄子
指(zhǐ)甲　指(zhī)甲　指(zhǐ)头　指(zhí)头　种子　珠子　竹子　主(zhǔ)意
主(zhú)意　主子　柱子　爪子　转悠　庄稼　庄子　壮实　状元　锥子　桌子
字号　自在　粽子　祖宗　嘴巴　作坊　琢磨

第二节　普通话水平测试用儿化词语表

说　明

1. 本表参照《普通话水平测试用普通话词语表》及《现代汉语词典》编制。加 * 的是以上两者未收，根据测试需要而酌增的条目。

2. 本表仅供普通话水平测试第二项——读多音节词语(100个音节)测试使用。本表儿化音节在书面上一律加“儿”，但并不表明所列词语在任何语用场合都必须儿化。

3. 本表共收词189条，按照儿化韵母的汉语拼音顺序排列。

4. 本表列出原形韵母和所对应的儿化韵，用→表示条目中儿化音节的注音，只在基本形式后面加 r，如“一会儿”(yīhuìr)，不标语音上的实际变化。

【一】

a→ar　刀把儿　号码儿　戏法儿　在哪儿　找碴儿　打杂儿　板擦儿

ai→ar　名牌儿　鞋带儿　壶盖儿　小孩儿　加塞儿

an→ar　快板儿　老伴儿　蒜瓣儿　脸盘儿　脸蛋儿　收摊儿　栅栏儿　包干儿　笔杆儿　门槛儿

【二】

ang→ar(鼻化)　药方儿　赶趟儿　香肠儿　瓜瓤儿

【三】

ia→iar　掉价儿　一下儿　豆芽儿

ian→ier　小辫儿　照片儿　扇面儿　差点儿　一点儿　雨点儿　聊天儿　拉链儿　冒尖儿　坎肩儿　牙签儿　露馅儿　心眼儿

【四】

iang→iar(鼻化)　鼻梁儿　透亮儿　花样儿

【五】

ua→uar　脑瓜儿　大褂儿　麻花儿　笑话儿　牙刷儿

uai→uar　一块儿

uan→uar　茶馆儿　饭馆儿　火罐儿　落款儿　打转儿　拐弯儿　好玩儿　大腕儿

【六】

uang→uar(鼻化)　蛋黄儿　打晃儿　天窗儿

【七】

üan→üar　烟卷儿　手绢儿　出圈儿　包圆儿　人缘儿　绕远儿　杂院儿

【八】

ei→er　刀背儿　摸黑儿

en→er　老本儿　花盆儿　嗓门儿　把门儿　哥们儿　纳闷儿　后跟儿　高跟儿鞋　别针儿　一阵儿　走神儿　大婶儿　小人儿书　杏仁儿　刀刃儿

【九】

eng→êr(鼻化)　钢镚儿　夹缝儿　脖颈儿　提成儿

【十】

ie→ier　半截儿　小鞋儿

üe→üer　旦角儿　主角儿

【十一】

uei→uer　跑腿儿　一会儿　耳垂儿　墨水儿　围嘴儿　走味儿

uen→uer　打盹儿　胖墩儿　砂轮儿　冰棍儿　没准儿　开春儿

ueng→uer(鼻化)　小瓮儿*

【十二】

-i(前)→er　瓜子儿　石子儿　没词儿　挑刺儿

-i(后)→er　墨汁儿　锯齿儿　记事儿

【十三】

i→ier　针鼻儿　垫底儿　肚脐儿　玩意儿

in→ier　有劲儿　送信儿　脚印儿

【十四】

ing→ier(鼻化)　花瓶儿　打鸣儿　图钉儿　门铃儿　眼镜儿　蛋清儿　火星儿　人影儿

【十五】

ü→üer　毛驴儿　小曲儿　痰盂儿

ün→üer　合群儿

【十六】

e→er　模特儿　逗乐儿　唱歌儿　挨个儿　打嗝儿　饭盒儿　在这儿

【十七】

u→ur　碎步儿　没谱儿　儿媳妇儿　梨核儿　泪珠儿　有数儿

【十八】

ong→or(鼻化)　果冻儿　门洞儿　胡同儿　抽空儿　酒盅儿　小葱儿

iong→ior(鼻化)　小熊儿*

【十九】

ao→aor　红包儿　灯泡儿　半道儿　手套儿　跳高儿　叫好儿　口罩儿　绝着儿　口哨儿　蜜枣儿

【二十】

iao→iaor　鱼漂儿　火苗儿　跑调儿　面条儿　豆角儿　开窍儿

【二十一】

ou→our　衣兜儿　老头儿　年头儿　小偷儿　门口儿　纽扣儿　线轴儿　小丑儿　加油儿

【二十二】

iou→iour　顶牛儿　抓阄儿　棉球儿

【二十三】

uo→uor　火锅儿　做活儿　大伙儿　邮戳儿　小说儿　被窝儿

o→or　耳膜儿　粉末儿

第三节　普通话易错易混语音分析及练习

一、边音 n 和鼻音 l

(一)发音分析

n 发音时，气流从鼻腔通过，所以发出的声音带鼻音，而 l 在发音时要注意舌头的动作，即在发音前舌头向上卷，发音时舌头伸平，不带鼻音。有些地方的人发 n 时常常不是纯粹的鼻音，听起来带有 l 的色彩，这是因为他们发 n 时口腔没有完全封闭，有气流从舌头一侧或两侧透出。

在纠正发音时，可以先体会 n 的本音。舌尖抵住上齿龈，这是着力点，同时舌的两侧形成弧形闭合；软腭下降，气流只能从鼻腔透出；声带振动，n 发音可以延长。发准本音之后，便可以利用词语进行训练。

（二）语音练习

【n-l】
哪里　那里　努力　年轮　农历　浓了　年龄　哪来　凝练　娘俩　南朗　能力
能量　你来　拿来　弄了　南路　奴隶　内力　女郎　牛郎　脑力　能来　男篮

【l-l】
来了　力量　理论　流量　聊聊　浏览　联络　姥姥　流泪　灵力　琉璃　萝莉
靓丽　两辆　利率　留恋　利落　理疗　榴莲　沦落　履历　吕梁　老六　另类

【l-n】
冷暖　留念　流年　老年　老衲　老娘　老牛　老农　蓝鸟　林农　龙脑　历年
两年　理念　辽宁　老娘　来拿　靓女　冷暖　列宁　裸女　落难　乱弄　狼女

【n-n-l】
你那里　努努力　南宁路　男女俩　你拿来　牛奶量　奶奶老　那年里　年年老
暖暖脸　黏黏恋　农奴冷

【l-n-n】
两年内　拉牛奶　老奶奶　拉你难　乱扭你　老农能

【l-n-l】
两年了　岭南路　历年来　老娘泪　来拿梨　靓女老

【n-l-n】
农历年　年龄呢　扭了扭　挠了挠　哪里呢　挪了挪

【n-n-n-l】
你能拿来　牛奶能量　那你能来　泥泞南路

【l-l-l-n】
领来老娘　留恋岭南　理了理脑　拉了拉你

【l-l-n-n】
两轮难念　流浪南宁　流利念念　留恋难念

【n-n-l-l】
泥泞烂了　你能理论　那你来了　哪能领略

【l-n-l-n】
六年老牛　老年李宁　令你拉牛　楼内蓝鸟

【n-l-n-l】
那两年来　女郎牛郎　那俩能聊　努力弄了

【l-n-n-l】

离你那里　来年能来　龙年年历　历年凝练

【n-l-l-n】

农历龙年　男篮辽宁　努力拉牛　脑力乱扭

【l-n-n-n】

两年奶牛　令你弄弄　来年闹鸟　里内泥泞

【n-l-l-l】

女郎来了　牛郎老了　哪里流浪　能力乱了

二、舌尖前音 z、c、s 和舌尖后音 zh、ch、sh

(一)发音要点

舌尖前音发音时，舌尖抵住(z、c)或接近(s)上齿背，舌尖平伸，所以又叫平舌音。舌尖后音发音时，舌头放松，舌尖轻巧地接触(zh、ch)或接近(sh)硬腭前部，舌尖翘起，所以又叫翘舌音。

(二)语音练习

1. 单音节词语对比练习

孜—知　仔—纸　字—挚　醉—赘

增—蒸　赠—正　尊—谆　赞—占

澡—找　才—柴　村—春　忖—蠢

参—搀　惨—铲　曹—潮　崔—吹

窜—串　四—市　素—树　桑—伤

嗓—晌　隧—睡　散—闪　撒—傻

2. 双音节词语对比练习

摘花—栽花　主力—阻力　照旧—造就　找到—早稻

支援—资源　札记—杂技　战时—暂时　站住—赞助

推迟—推辞　初步—粗布　鱼翅—鱼刺　一成——层

木柴—木材　插嘴—擦嘴　乱吵—乱草　史记—死记

山脚—三角　事实—四十　闪光—散光　上升—丧生

收集—搜集　商业—桑叶　筛子—塞子　山歌—三哥

3. 语段朗读练习

①历史使人聪颖，诗句使人诙谐，数学使人精确，自然哲学使人深邃，道德使人庄重，逻辑和修辞使人善辩。

②人生最大的快乐，是自己的劳动得到了成果。农民劳动有了收获，工人劳动出了

产品，医生劳动治好了病，教师劳动教好了学生，其他工作都是一样。

③生活对于任何人都非易事，我们必须有坚韧不拔的精神。最要紧的，还是我们自己要有信心。

4. 绕口令练习

①对门田老四，喜欢看电视。电视里演戏，戏里有田老师。

②四是四，十是十，十四是十四，四十是四十。
谁能说清十四、四十、四十四，谁来试一试。

③东院想栽葱，西院想栽松。是东院栽葱，还是西院栽松。

④公园有四排石狮子，每排是十四只大石狮子，
每只大石狮子背上是一只小石狮子，
每只大石狮子脚边是四只小石狮子，
史老师领四十四个学生去数石狮子，
你说共数出多少只大石狮子和多少只小石狮子？

⑤史老师，讲时事，常学时事长知识。
时事学习看报纸，报纸登的是时事。
常看报纸要多思，心里装着天下事。

⑥嘴说腿，腿说嘴。
嘴说腿爱跑腿，腿说嘴爱卖嘴。
光动嘴，不动腿，不如不长腿。
光动腿，不动嘴，不如不长嘴。
又动腿，又动嘴，腿不再说嘴，嘴不再说腿。

三、唇齿音 f 和舌面后音 h

(一)发音要点

唇齿音 f 发音时，下唇接近上齿，形成窄缝，气流从唇齿间摩擦出来，声带不颤动，如“丰富”“芬芳”的声母。舌面后音 h 发音时，舌根接近软腭，留出窄缝，软腭上升，堵塞鼻腔通路，声带不颤动，气流从窄缝中摩擦出来，如“欢呼”“辉煌”的声母。

(二)语音练习

1. 对比练习

舅父(fù)—救护(hù)
公费(fèi)—工会(huì)
仿佛(fǎngfú)—恍惚(huǎnghū)
防(fáng)虫—蝗(huáng)虫
斧(fǔ)头—虎(hǔ)头
复(fù)员—互(hù)援
飞(fēi)机—灰(huī)鸡
非凡(fēifán)—辉煌(huīhuáng)
奋(fèn)战—混(hùn)战
方(fāng)地—荒(huāng)地
防(fáng)止—黄(huáng)纸
附(fù)注—互(hù)助

2. 词语练习

发话 fāhuà　　发慌 fāhuāng　　反悔 fǎnhuǐ　　繁华 fánhuá
丰厚 fēnghòu　　复合 fùhé　　混纺 hùnfǎng　　后方 hòufāng
化肥 huàféi　　洪峰 hóngfēng　　画符 huàfú　　花粉 huāfěn

3. 语段朗读练习

很久以前，在一个漆黑的秋天的夜晚，我泛舟在西伯利亚一条阴森森的河上。船到一个转弯处，只见前面黑黢黢的山峰下面，一星火光蓦地一闪。

火光又明又亮，好像就在眼前……

“好啦，谢天谢地！”我高兴地说，“马上就到过夜的地方啦！”

船夫扭头朝身后的火光望了一眼，又不以为然地划起桨来。

“远着呢！”

我不相信他的话，因为火光冲破朦胧的夜色，明明在那儿闪烁，不过船夫是对的：事实上，火光的确还远着呢。

这些黑夜的火光的特点是：驱散黑暗，闪闪发亮，近在眼前，令人神往，乍一看，再划几下就到了……其实却还远着呢！……

我们在漆黑如墨的河上又划了很久。一个个峡谷和悬崖，迎面驶来，又向后移去，仿佛消失在茫茫的远方，而火光却依然停在前头，闪闪发亮，令人神往——依然是这么近，又依然是那么远……

现在，无论是这条被悬崖峭壁的阴影笼罩的漆黑的河流，还是那一星明亮的火光，都经常浮现在我脑际。在这以前和在这以后，曾有许多火光，似乎近在咫尺，不止使我一人心驰神往。可是生活之河仍然在那阴森森的两岸之间流着，而火光也依旧非常遥远。因此，必须加劲划桨……

然而，火光啊……毕竟……毕竟就在前头！

——节选自[俄]柯罗连科《火光》，张铁夫译

四、舌尖前音 z、c、s 和舌面前音 j、q、x

(一)发音分析

z、c、s 是舌尖前音，发音时舌尖与上齿龈形成阻碍。j、q、x 是舌面音，发音时舌面前部与硬腭前部形成阻碍，发音部位靠后。发 j、q、x 时，如果舌尖抬起，便会出现尖音，舌尖应抵在下齿背后，抬起舌面；如果气流从上下齿之间擦过，便会出现过重的擦音，气流应从舌面和上颚之间擦过。

(二)语音练习

【j-q】

机器 jīqì　　坚强 jiānqiáng　　金钱 jīnqián　　减轻 jiǎnqīng
精巧 jīngqiǎo　　急切 jíqiè　　奖券 jiǎngquàn　　尽情 jìnqíng

【q-j】

前进 qiánjìn　情景 qíngjǐng　奇迹 qíjì　抢救 qiǎngjiù
全局 quánjú　浅见 qiǎnjiàn　迁就 qiānjiù　切记 qièjì

【j-x】

进行 jìnxíng　继续 jìxù　坚信 jiānxìn　急需 jíxū
金星 jīnxīng　竞选 jìngxuǎn　尽兴 jìnxìng　吉祥 jíxiáng

【x-j】

先进 xiānjìn　细节 xìjié　相继 xiāngjì　心计 xīnjì
削减 xuējiǎn　洗劫 xǐjié　陷阱 xiànjǐng　席卷 xíjuǎn

【q-x】

情绪 qíngxù　气象 qìxiàng　取消 qǔxiāo　倾斜 qīngxié
缺席 quēxí　潜心 qiánxīn　抢修 qiǎngxiū　清香 qīngxiāng

【x-q】

心情 xīnqíng　寻求 xúnqiú　辛勤 xīnqín　先遣 xiānqiǎn
乡亲 xiāngqīn　习气 xíqì　相劝 xiāngquàn　新巧 xīnqiǎo

第四节 普通话难读易错词语

普通话难读易错词语(1)

哀号	爱戴	艾滋病	爱怜	安瓿	谙练
盎司	凹陷	懊恼	芭蕾	跋扈	霸占
白炽	白垩	白桦	白蛉	白芍	白鳍豚
白芷	柏油	摆脱	拜访	拜谒	颁发
斑白	板栗	办公室	伴侣	拌种	绑架
傍晚	包裹	褒贬	保障	堡垒	报偿
爆炸	卑鄙	悲怆	碑帖	钡餐	被褥
蓓蕾	贲门	笨拙	崩溃	绷带	迸裂
鼻窦	鼻涕	秕糠	笔直	毕竟	闭幕式
弊病	碧绿	避讳	边陲	边卡	编纂
蝙蝠	鞭策	鞭挞	贬值	辨别	辩证法
表彰	鳔胶	别墅	濒临	殡殓	髌骨
秉性	禀性	冰淇淋	补偿	播种	驳壳枪
帛书	材料	博览会	哺育	并蒂莲	猜测
才能	舶来品	财产	采摘	彩绸	餐厅
残骸	蚕茧	惭愧	惨重	灿烂	仓促
沧桑	苍穹	苍术	藏匿	草丛	厕所
恻隐	测量	岑寂	层次	插座	查勘
岔道	茶褐色	拆毁	豺狼	觇标	搀扶

普通话难读易错词语(2)

孱弱	缠绵	蝉蜕	蟾蜍	谄谀	铲除
阐释	忏悔	昌盛	猖獗	菖蒲	长城
尝试	偿还	长臂猿	畅想	倡议	唱和
抄袭	钞票	超载	巢穴	嘲讽	潮汐
吵闹	车辆	彻底	撤除	嗔怪	沉淀
沉溺	衬衫	陈列馆	瞠目	成长	呈现
承诺	诚挚	城池	乘客	程序	澄清
吃惊	嗤笑	痴呆	驰骋	迟钝	尺寸
尺蠖	侈谈	耻辱	褫夺	叱咤	赤裸裸
充盈	憧憬	崇敬	抽搐	抽噎	惆怅
绸缪	愁闷	稠密	筹措	丑陋	出租车
初衷	厨房	雏形	橱窗	储蓄	处理
搐动	触犯	矗立	揣测	穿梭	喘吁吁
船坞	传授	串亲戚	创痕	创造	吹拂
垂涎	锤炼	炊事员	纯粹	纯朴	醇厚
戳穿	辍学	祠堂	瓷砖	慈善	辞职
雌蕊	次子	刺激	赐予	从容	丛林
粗糙	粗犷	簇拥	篡夺	催促	璀璨
蹉跎	痤疮	挫折	大氅	呆滞	胆怯

普通话难读易错词语(3)

诞辰	弹劾	蛋白质	党参	档案	导游
捣乱	悼念	的确良	灯泡	等级	等待
低劣	堤坝	籴粜	嫡传	抵押	地址
缔约	颠簸	癫痫	典型	玷污	电冰箱
刁难	雕塑	吊唁	跌宕	叮嘱	侗族
恫吓	洞穴	兜售	抖擞	豆豉	豆萁
督促	渎职	独裁	笃信	堵塞	妒忌
杜撰	肚脐	锻炼	对峙	囤积	躲藏
堕落	讹诈	额外	厄运	扼杀	恶劣
愕然	遏制	噩梦	恩赐	儿歌	而且
耳塞	二胡	发放	发奋	发慌	发挥
发酵	发难	罚款	法郎	帆船	烦躁
樊篱	繁殖	反刍	犯浑	泛滥	范畴
方针	防护	防御	房檐	彷徨	纺织

飞翔	非常	菲薄	扉页	蜚声	肥沃
诽谤	斐然	废黜	沸腾	肺腑	分泌
分娩	芬芳	坟墓	坟茔	汾酒	焚毁
愤慨	愤懑	粪肥	丰硕	风骚	封存
锋利	蜂房	讽刺	凤凰	奉行	佛经
否定	夫妇	孵化			

普通话难读易错词语(4)

敷衍	俘虏	茯苓	符合	辐射	抚摩
府邸	俯瞰	辅导	腐蚀	讣告	妇孺
负荷	附着	复杂	副食	富庶	赋予
腹泻	覆灭	改正	概率	干杯	干瘪
甘薯	泔水	柑橘	尴尬	感触	刚愎
岗哨	纲领	肛门	杠杆	高亢	高跷
稿纸	戈壁	割舍	歌咏	革命	格律
隔阂	给予	根本	跟前	更衣	更正
耕牛	羹匙	耿耿	梗概	公寓	工程师
宫廷	恭敬	巩固	拱手	贡品	沟壑
篝火	苟且	枸杞	估量	沽名	古筝
谷雨	骨骼	蛊惑	鼓掌	顾虑	雇佣
挂念	乖乖	拐骗	怪诞	观光	官邸
贯彻	惯性	盥洗	灌溉	光辉	龟缩
规格	皈依	瑰丽	诡辩	鬼祟	刽子手
果脯	过滤	国库券	酣战	海拔	海洛因
海豚	害臊	哈密瓜	憨厚	鼾声	含蓄
函授	寒噤	寒暄	罕见	汗腺	旱情
撼动	豪爽	浩瀚	耗费	呵斥	合伙

普通话难读易错词语(5)

和睦	和煦	核潜艇	荷花	贺年	赫赫
痕迹	亨通	恒星	衡量	轰炸	烘焙
红晕	宏伟	红领巾	喉舌	后裔	后缀
候诊	呼啸	忽视	囫囵	狐臭	弧光灯
胡诌	琥珀	互助	户籍	护照	怙恶不悛
花卉	哗然	华达呢	化纤	槐树	踝关节
欢迎	环境	缓和	幻灯	涣散	豢养
荒诞	荒谬	荒芜	黄昏	蝗虫	恍惚

谎话	灰尘	恢复	挥霍	蛔虫	悔罪
汇兑	会话	讳言	荟萃	贿赂	晦涩
毁坏	昏聩	荤腥	婚姻	浑浊	混凝土
混沌	混淆	活佛	火锅	或者	货栈
获悉	祸患	霍乱	藿香	讥笑	击毙
饥饿	机械	基金	缉私	畸形	跻身
稽查	激励	吉祥	汲取	即兴	棘手
辑录	几乎	脊髓	计谋	季节	技术员
觊觎	寂静	祭奠	祭祀	加冕	家眷
戛然	甲壳	嫁接	奸佞	坚决	歼灭
艰险	缄默	俭朴	剪彩	检疫	简直
建筑	饯别				

普通话难读易错词语(6)

腱鞘	践踏	豇豆	奖券	交融	浇灌
茭白	胶片	蛟龙	侥幸	皎洁	矫捷
脚镣	搅拌	缴纳	较量	教诲	酵母
接洽	揭发	孑孓	节拍	劫持	诘问
拮据	捷径	截肢	竭诚	解剖	戒律
届期	疥疮	借鉴	巾帼	矜持	襟怀
锦绣	尽管	紧箍咒	尽职	晋升	浸渍
禁锢	经络	荆棘	惊诧	惊骇	惊讶
晶莹	精湛	鲸鱼	颈椎	景致	警惕
胫骨	痉挛	竞赛	敬慕	境况	静脉
迥然	窘促	纠正	究竟	韭菜	臼齿
拘役	鞠躬	局促	沮丧	举荐	矩形
拘捕	剧烈	俱乐部	飓风	锯末	聚居
绝缘	攫取	爵士乐	军阀	军饷	均衡
开赴	凯旋	勘探	坎坷	看管	扛活
亢奋	考虑	抗菌素	犒赏	苛刻	窠臼
颗粒	磕碰	可恶	渴望	刻苦	客栈
吭声	铿锵	空暇	倥偬	恐龙	口头禅
叩拜	扣押	枯槁	酷暑	宽窄	髋骨
匡算	狂妄	诳语	岿然		

普通话难读易错词语(7)

盔甲	窥视	葵扇	魁梧	傀儡	匮乏
馈赠	昆仑	困惑	垃圾	邋遢	蜡梅
蜡烛	辣酱	来临	谰言	褴褛	阑尾炎
篮球	缆绳	懒惰	烂漫	狼狈	朗读
劳碌	老虎	老百姓	老鹰	潦草	烙印
垒球	肋膜	擂台	冷漠	厘米	离间
黎明	礼仪	历届	利诱	沥青	例证
连续	联络	廉洁	炼乳	凉棚	踉跄
疗效	嘹亮	料峭	列车	裂痕	琳琅
凛冽	吝啬	鳞次栉比	灵验	玲珑	羚羊
翎毛	聆听	菱形	零落	另外	流窜
隆重	漏勺	芦笙	颅骨	鲁莽	录音机
鹿茸	旅客	屡次	履历	律师	氯霉素
绿茶	孪生	掠取	伦理	沦丧	轮廓
论著	罗列	螺旋	裸露	络绎	马铃薯
麻痹	玛瑙	脉络	谩骂	莽撞	蟒蛇
毛发	茅屋	冒昧	贸易	没收	眉目
霉菌	盟约	猛兽	蒙蔽	弥留	迷惘
蜜饯	勉强	腼腆	苗圃	渺茫	泯灭
鸣谢	冥想	铭刻			

普通话难读易错词语(8)

瞑目	酩酊	命名	谬误	陌生	漠然
默契	牟取	某些	募捐	哪怕	内讧
奶酪	奈何	耐劳	男女	南北	难堪
囊括	铙钹	蛲虫	恼怒	呐喊	脑溢血
呢喃	嫩绿	尼龙	泥沼	拟定	年庚
年龄	黏液	碾坊	酿造	鸟瞰	捏造
啮齿	镍钢	颞骨	孽障	您好	柠檬
凝滞	牛犊	牛虻	忸怩	纽带	农谚
浓郁	脓肿	奴婢	怒号	虐杀	暖壶
挪用	懦弱	糯米	讴歌	偶尔	怄气
拍摄	牌匾	攀亲	盘踞	磐石	蹒跚
蟠桃	叛逆	滂沱	庞杂	螃蟹	抛锚
炮艇	泡沫	疱疹	胚胎	陪衬	佩带
烹饪	蓬勃	澎湃	膨大	批评	纰漏

披露	砒霜	劈叉	霹雳	枇杷	毗邻
疲软	琵琶	匹配	癖好	媲美	僻静
偏袒	翩跹	剽悍	剽窃	漂白	漂染
飘缈	瓢泼	瞥见	姘居	拼命	贫瘠
聘请	乒乓	平仄	凭证	屏幕	屏气
屏障	婆娑				

普通话难读易错词语(9)

叵测	破绽	仆从	扑克	匍匐	菩萨
蒲扇	普遍	瀑布	曝光	凄婉	栖身
欺压	漆雕	蹊跷	歧路	祈祷	脐带
旗帜	麒麟	乞丐	企鹅	启迪	起锚
气泵	气馁	迄今	契约	器皿	掐算
恰巧	洽商	迁徙	牵扯	悭吝	铅笔
签押	前兆	荨麻	钤印	虔诚	钳制
掮客	潜泳	芡粉	堑壕	嵌入	歉疚
羌族	镪水	蔷薇	抢掠	襁褓	敲诈
乔木	憔悴	俏丽	峭壁	窍门	翘首
切削	挈眷	惬意	亲昵	侵蚀	钦差
禽兽	勤勉	寝宫	青稞	氢弹	沁人心脾
轻蔑	倾慕	清澈	清炖	清幽	顷刻
请柬	庆幸	琼脂	丘陵	蚯蚓	囚犯
泅渡	酋长	区域	驱逐	屈膝	祛除
躯壳	趋时	取缔	娶亲	权益	诠释
拳击	痊愈	蜷缩	颧骨	犬齿	劝诫
雀跃	确凿	鹊桥	裙带	燃烧	饶恕
惹祸	热忱	仁政	忍让	稔知	妊娠
仍然	日晷				

普通话难读易错词语(10)

戎装	绒布	荣辱	容忍	溶质	冗长
柔韧	蹂躏	肉赘	如若	儒雅	蠕动
乳腺	褥疮	软缎	锐利	闰年	润泽
偌大	腮腺	伞兵	散光	散失	桑葚
嗓音	骚扰	缫丝	扫射	瘙痒	色泽
森严	僧侣	杀戮	沙砾	沙瓤	纱锭
砂纸	鲨鱼	傻眼	歃血	煞车	霎时间

筛选	晒图	山冈	山涧	山麓	删除
杉篙	珊瑚	舢板	煽动	潸然	闪烁
讪笑	禅让	疝气	善良	缮写	擅长
膳食	赡养	伤亡	商榷	墒情	赏赐
尚且	绱鞋	捎脚	艄公	哨卡	奢侈
猞猁	赊账	舌苔	蛇蝎	舍弃	设施
社稷	涉猎	赦免	慑服	摄氏	麝香
申请	伸缩	呻吟	绅士	深邃	神龛
审查	婶母	肾脏	甚至	渗透	慎重
蜃景	升腾	生擒	生涩	生肖	生殖
声明	胜利	绳索	圣诞	剩余	尸骸
诗人	施舍	时髦	什锦	石墨	湿漉漉
食品	史籍	矢量			

普通话难读易错词语(11)

使者	始终	士卒	士族	市侩	事实
侍奉	视频	试卷	饰品	适应	舐犊
逝世	嗜好	誓死	收购	手镯	手风琴
守候	首府	寿命	受贿	狩猎	授衔
瘦弱	书斋	抒发	枢纽	疏浚	舒适
输送	蔬菜	秫秸	赎罪	熟悉	署名
鼠疫	曙光	束缚	树墩	树脂	竖立
率先	衰竭	摔跤	甩卖	栓剂	双簧
孀居	水井	水獭	税额	顺畅	瞬息
硕果	丝绸	司仪	私囊	思忖	嘶哑
撕毁	死囚	似乎	饲养	肆虐	耸立
悚然	送殡	搜刮	嗾使	酥脆	夙愿
诉讼	肃穆	素质	速成	宿营	粟类
溯源	酸楚	蒜泥	算卦	岁暮	遂心
隧道	损伤	榫眼	唆使	蓑衣	唢呐
索引	琐碎	锁链	塔吊	踏青	贪婪
摊贩	滩涂	瘫痪	昙花	谈吐	痰盂
檀香	袒护	叹赏	炭疽	碳酸	汤匙
镗床	塘堰	螳螂	倘使	烫伤	绦虫
饕餮	逃遁				

普通话难读易错词语(12)

逃逸	陶冶	淘汰	讨嫌	特赦	誊清
剔除	啼哭	提携	蹄筋	体恤	体癣
剃头	天堑	添置	田埂	殄灭	迢迢
眺望	贴切	停歇	挺身	通衢	铜锤
瞳孔	统辖	痛恶	偷窃	头颅	透明度
凸版	秃顶	突变	涂抹	荼毒	屠宰
土鳖	土坯	土壤	吐蕃	吐血	湍急
推诿	颓废	蜕化	吞并	屯垦	臀尖
拖沓	脱档	陀螺	鸵鸟	妥协	椭圆
唾液	瓦砾	佤族	外埠	丸药	玩忽
宛转	惋惜	网络	枉法	忘我	旺盛
危难	威慑	偎依	微型	巍峨	圩田
围歼	违禁	桅杆	帷幔	伪善	苇塘
萎靡	萎缩	卫戍	未尝	畏怯	胃炎
蔚蓝	慰劳	温存	瘟疫	文牍	文盲
文娱	蚊虫	吻合	紊乱	问讯	倭寇
涡流	斡旋	乌贼	污秽	呜咽	钨丝
无垠	芜杂	午觉	妩媚	忤逆	侮蔑
舞蹈	晤谈	吸吮	希冀	昔日	矽肺
奚落	悉心	犀利			

普通话难读易错词语(13)

锡纸	嬉笑	膝盖	蟋蟀	檄文	洗涤
铣刀	喜讯	戏谑	细腻	阋墙	侠客
狭隘	瑕疵	下颌	夏至	仙鹤	纤细
籼米	掀动	贤惠	咸菜	涎水	娴雅
舷窗	显赫	陷阱	羡慕	献媚	相间
香椿	香蕈	镶嵌	享用	响亮	巷战
项圈	象形	骁勇	消遣	萧瑟	销魂
小灶	孝敬	哮喘	效法	笑柄	笑靥
些许	邪恶	胁迫	挟制	偕同	谐音
携手	泄漏	卸妆	械斗	懈怠	心悸
辛辣	欣慰	锌版	薪俸	信鸽	信笺
信札	兴衰	星宿	腥臊	行署	醒悟
杏黄	姓氏	性急	凶悍	汹涌	胸脯
雄浑	修辞	羞愧	朽木	绣球	须臾

虚拟	许诺	序跋	续弦	酗酒	絮语
嗅觉	蓄谋	轩辕	喧嚣	萱草	悬殊
旋梯	旋涡	炫耀	绚丽	渲染	雪橇
血癌	勋爵	寻衅	巡捕	驯服	循环
训诂	汛期	迅疾	逊色	殉职	压服
压榨	鸭绒				

普通话难读易错词语(14)

牙垢	蚜虫	雅兴	亚麻	烟囱	烟瘾
阉割	严惩	严谨	言辞	岩层	炎症
研究	盐湖	阎罗	筵席	掩蔽	眼馋
眼眶	演绎	厌倦	砚池	焰火	酽茶
赝本	佯攻	洋溢	仰慕	夭折	妖孽
腰椎	窑炕	摇曳	杳然	窈窕	药皂
野炊	夜莺	腋臭	一瞥	依偎	胰腺
遗憾	疑惑	倚靠	屹立	呓语	抑郁
疫病	轶事	肄业	毅然	熠熠	姻缘
荫蔽	殷红	殷实	喑哑	堙塞	吟咏
寅时	淫秽	银幕	引咎	引擎	饮泣
隐讳	应允	鹦鹉	鹰隼	荧光	影印
拥护	痈疽	庸碌	踊跃	悠久	油毡
莜麦	游弋	鱿鱼	诱饵	迂腐	淤塞
余烬	鱼鳔	愉悦	愚氓	羽翼	玉玺
郁闷	狱吏	浴池	预卜	豫剧	圆珠笔
鸳鸯	缘故	源泉	约略	岳父	阅览
粤剧	越轨	芸豆	陨石	孕育	晕厥
酝酿	熨斗	蕴藏	咂嘴	杂志	栽种

普通话难读易错词语(15)

载荷	暂行	赞助	脏物	遭受	糟粕
糟蹋	早操	造诣	造作	噪音	责难
增长	憎恶	赠送	渣滓	闸门	铡刀
眨眼	诈骗	栅栏	蚱蜢	榨取	斋戒
宅院	债券	粘贴	瞻仰	斩首	展出
崭新	战栗	战争	栈道	站岗	湛蓝
蘸水	章程	掌握	丈量	仗势	账簿
障碍	瘴气	昭雪	沼泽	召集	诏书

肇事	遮藏	折叠	蛰伏	褶皱	蔗糖
针砭	针灸	侦察	珍珠	真谛	砧板
斟酌	甄别	箴言	诊脉	阵营	振奋
赈济	震慑	争取	征服	狰狞	蒸腾
拯救	整饬	证券	诤言	郑重	政治
支撑	枝杈	枝蔓	知悉	脂肪	执拗
执着	直径	直辖市	值日	职责	旨意
纸捻	咫尺	指挥	至少	制止	质疑
挚友	桎梏	秩序	致敬	痔疮	窒息
智慧	滞销				

普通话难读易错词语(16)

稚气	忠诚	终究	肿瘤	肿胀	仲裁
重叠	舟楫	周旋	周转	妯娌	轴承
肘腋	咒骂	昼夜	骤然	侏儒	竹笋
逐渐	主张	主人翁	属性	嘱咐	瞩目
住宅	注册	贮藏	驻扎	蛀齿	铸造
抓紧	专门	砖坯	转换	转盘	转瞬
转轴	撰述	篆刻	庄重	装殓	撞击
追踪	椎骨	坠毁	赘述	准则	拙劣
捉摸	灼见	灼热	茁壮	着笔	着慌
着火	着力	着凉	着迷	着数	着眼
擢用	姿势	资源	孳生	滋润	辎重
髭须	紫癜	紫荆	自焚	自恃	自刎
自诩	自缢	自尊	宗祠	棕色	踪影
总揽	总之	纵容	走廊	奏折	租佃
租赁	诅咒	阻截	阻挠	阻塞	组阁
钻戒	钻研	钻营	嘴唇	最近	罪魁
罪责	罪状	遵命	昨天	左倾	佐证
作梗	作揖	柞蚕	做法	座右铭	

第五节　常见多音字组词

常见多音字组词(1)

阿	①阿姨	②阿谀
膀	①翅膀	②膀胱
磅	①磅秤	②磅礴

剥　①剥皮　②剥削
薄　①薄饼　②薄弱　③薄荷
背　①背诵　②背包
奔　①奔驰　②投奔
辟　①复辟　②辟谣
便　①便服　②便宜
泊　①漂泊　②湖泊
参　①人参　②参差不齐　③参谋
藏　①埋藏　②宝藏
曾　①曾经　②曾祖母
差　①差别　②差不多　③出差　④参差
刹　①一刹那　②刹车
拆　①拆卸　②拆烂污
颤　①颤抖　②颤栗
长　①长征　②长辈
场　①场院　②场合
朝　①朝廷　②朝令夕改
称　①称职　②称谓
冲　①冲锋　②冲床
重　①重叠　②尊重
臭　①臭氧　②乳臭未干
处　①处境　②长处
传　①传递　②自传
创　①创伤　②创造
撮　①撮弄　②一撮毛
答　①答应　②答案
大　①大小　②大夫
逮　①逮老鼠　②逮捕
担　①担任　②重担
弹　①炸弹　②弹性
当　①当众　②当晚
倒　①摔倒　②倒影
得　①获得　②总得　③对得起
的　①我的书　②目的　③的确

常见多音字组词(2)

调　①调查　②调和

度	①温度	②猜度	
都	①都市	②都来了	
恶	①恶心	②丑恶	③厌恶
发	①萌发	②发型	
番	①三番五次	②番禺(地名)	
分	①分割	②分外	
缝	①缝纫	②缝隙	
佛	①佛教	②仿佛	
否	①否定	②否极泰来	
干	①干涉	②干部	
岗	①岗位	②山岗	
蛤	①蛤蜊	②蛤蟆	
给	①献给	②给养	
更	①更迭	②更加	
供	①供销	②口供	
勾	①勾结	②勾当	
括	①挺括	②概括	
观	①观察	②道观	
冠	①冠心病	②冠军	
号	①呼号	②号令	
好	①友好	②好奇	
喝	①喝水	②喝彩	
和	①和平	②附和	③和面
	④和药	⑤和牌	⑥暖和
横	①横幅	②骄横	
哄	①哄抬	②哄骗	③起哄
划	①规划	②划算	
还	①还原	②还是	
晃	①虚晃	②晃动	
会	①机会	②会计	
混	①混蛋	②混合	
豁	①豁口	②豁达	
几	①几何	②茶几	
济	①经济	②济南(地名)	
夹	①夹杂	②夹袄	③夹肢窝
假	①假如	②假期	
间	①房间	②间谍	

监	①监狱	②太监	
将	①将来	②将领	
降	①降落	②投降	
嚼	①嚼舌	②咀嚼	③倒嚼
角	①号角	②角色	
教	①教师	②教书	
结	①结论	②结巴	
解	①解决	②起解	③解数
尽	①尽力	②尽管	
禁	①禁止	②弱不禁风	
卷	①卷尺	②卷宗	

第六节 普通话水平测试用朗读作品

说　明

1. 60 篇朗读作品供普通话水平测试第四项——朗读短文测试使用。为适应测试需要，必要时对原作品做了部分更动。

2. 朗读作品的顺序，按篇名的汉语拼音字母顺序排列。

3. 每篇作品在第 400 个音节后用“//”标注。

4. 为适应朗读的需要，作品中的数字一律采用汉字的方式书写，如“1998 年”写作“一九九八年”，“23%”写作“百分之二十三”。

5. 作品中的必读轻声音节，拼音不标调号。一般轻读，间或重读的音节，拼音加注调号，并在拼音前加圆点提示，如：“因为”，拼音写作“yīn • wèi”。

作品 1 号

那是力争上游的一种树，笔直的干，笔直的枝。它的干呢，通常是丈把高，像是加以人工似的，一丈以内，绝无旁枝；它所有的丫枝呢，一律向上，而且紧紧靠拢，也像是加以人工似的，成为一束，绝无横斜逸出；它的宽大的叶子也是片片向上，几乎没有斜生的，更不用说倒垂了；它的皮，光滑而有银色的晕圈，微微泛出淡青色。这是虽在北方的风雪的压迫下却保持着倔强挺立的一种树！哪怕只有碗来粗细罢，它却努力向上发展，高到丈许，两丈，参天耸立，不折不挠，对抗着西北风。

这就是白杨树，西北极普通的一种树，然而决不是平凡的树！

它没有婆娑的姿态，没有屈曲盘旋的虬枝，也许你要说它不美丽，——如果美是专指“婆娑”或“横斜逸出”之类而言，那么，白杨树算不得树中的好女子；但是它却是伟岸，正直，朴质，严肃，也不缺乏温和，更不用提它的坚强不屈与挺拔，它是树中的伟丈夫！当你在积雪初融的高原上走过，看见平坦的大地上傲然挺立这么一株或一排白杨树，难道你就只觉得树只是树，难道你就不想到它的朴质，严肃，坚强不屈，至少也象征了北方的农民；难道你竟一点儿也不联想到，在敌后的广大土//地上，到处有坚强不屈，就像这白杨树一样傲然挺立的守卫他们家乡的哨兵！难道你又不更远一点想到这样枝枝叶叶靠紧团结，力求上进的白杨树，宛然象征了今天在华北平原纵横决荡用血写出新中国历史的那种精神和意志。

——节选自茅盾《白杨礼赞》

1. 词语难点提示

一种 yìzhǒng	笔直 bǐzhí	似的 shìde
一丈 yízhàng	丫枝 yāzhī	一束 yíshù
横斜逸出 héngxiéyìchū	晕圈 yùnquān	倔强 juéjiàng
参天耸立 cāntiānsǒnglì	不折不挠 bùzhé-bùnáo	婆娑 pósuō
虬枝 qiúzhī	伟岸 wěi'àn	朴质 pǔzhì
积雪 jīxuě	一株 yìzhū	一排 yìpái
一点儿 yìdiǎnr		

2. 句子难点提示

“这是虽在北方的风雪的压迫下却保持着倔强挺立的一种树!”此句的语音停顿宜在“这是虽在北方的风雪的压迫下”后，“却保持着倔强挺立的一种树”的前面，“倔强挺立”为重音所在，末尾的句调应该为降调。

3. 整体朗读提示

这篇文章是一篇托物言意之作，也是一曲献给根据地抗日军民的赞歌，通过对白杨树不平凡的形象的赞美，歌颂了中国共产党领导下的抗日军民和整个中华民族的紧密团结、力求上进、坚强不屈的革命精神和斗争意志。所以，朗读时语言要热情奔放，气势要雄浑、铿锵有力，但不乏浓浓的诗意和质朴的情感。

作品2号

两个同龄的年轻人同时受雇于一家店铺，并且拿同样的薪水。

可是一段时间后，叫阿诺德的那个小伙子青云直上，而那个叫布鲁诺的小伙子却仍在原地踏步。布鲁诺很不满意老板的不公正待遇。终于有一天他到老板那儿发牢骚了。老板一边耐心地听着他的抱怨，一边在心里盘算着怎样向他解释清楚他和阿诺德之间的差别。

“布鲁诺先生，”老板开口说话了，“您现在到集市上去一下，看看今天早上有什么卖的。”

布鲁诺从集市上回来向老板汇报说，今早集市上只有一个农民拉了一车土豆在卖。

“有多少?”老板问。

布鲁诺赶快戴上帽子又跑到集上，然后回来告诉老板一共四十袋土豆。

“价格是多少?”

布鲁诺又第三次跑到集上问来了价格。

"好吧,"老板对他说,"现在请您坐到这把椅子上一句话也不要说,看看阿诺德怎么说。"

阿诺德很快就从集市上回来了。向老板汇报说到现在为止只有一个农民在卖土豆,一共四十口袋,价格是多少多少;土豆质量很不错,他带回来一个让老板看看。这个农民一个钟头以后还会弄来几箱西红柿,据他看价格非常公道。昨天他们铺子的西红柿卖得很快,库存已经不//多了。

——节选自张健鹏、胡足青主编《故事时代》中《差别》

1. 词语难点提示

一家 yìjiā	一段 yíduàn	一天 yìtiān	一边 yìbiān
一个 yígè	一车 yìchē	一共 yígòng	一句 yíjù
去一下 qùyíxià	并且 bìngqiě	阿诺德 Ā'nuòdé	布鲁诺 Bùlǔnuò
店铺 diànpù	仍 réng	终于 zhōngyú	那儿 nàr
牢骚 láo・sāo	盘算 pánsuan	怎样 zěnyàng	清楚 qīngchu
您 nín	什么 shénme	告诉 gàosu	质量 zhìliàng
口袋 kǒudai	不错 búcuò	钟头 zhōngtóu	以后 yǐhòu
他们 tāmen	铺子 pùzi	公道 gōng・dào	库存 kùcún

2. 句子难点提示

"老板一边耐心地听着他的抱怨,一边在心里盘算着怎样向他解释清楚他和阿诺德之间的差别。"停顿宜在"怎样"之前和"清楚"之后,"怎样"为全句的语义重心,应该重读。

3. 整体朗读提示

注意老板话语的朗读,但语气不要太夸张。同时也要注意对比布鲁诺和阿诺德的行为,朗读布鲁诺的行为时语气要略显责备之情,朗读阿诺德的行为时语气要带上赞扬之情。

作品 3 号

我常常遗憾我家门前那块丑石:它黑黝黝地卧在那里,牛似的模样;谁也不知道是什么时候留在这里的,谁也不去理会它。只是麦收时节,门前摊了麦子,奶奶总是说:这块丑石,多碍地面呀,抽空把它搬走吧。

它不像汉白玉那样的细腻,可以刻字雕花,也不像大青石那样的光滑,可以供来浣纱捶布。它静静地卧在那里,院边的槐荫没有庇覆它,花儿也不再在它身边生长。荒草便繁衍出来,枝蔓上下,慢慢地,它竟锈上了绿苔、黑斑。我们这些做孩子的,也讨厌起它来,曾合伙要搬走它,但力气又不足;虽时时咒骂它,嫌弃它,也无可奈何,只好任它留在那里了。

终有一日,村子里来了一个天文学家。他在我家门前路过,突然发现了这块石头,眼光立即就拉直了。他再没有离开,就住了下来;以后又来了好些人,都说这是一块陨石,从天上落下来已经有二三百年了,是一件了不起的东西。不久便来了车,小心翼翼地将它运走了。

这使我们都很惊奇，这又怪又丑的石头，原来是天上的呢！它补过天，在天上发过热、闪过光，我们的先祖或许仰望过它，它给了他们光明、向往、憧憬；而它落下来了，在污土里，荒草里，一躺就//是几百年了！

我感到自己的无知，也感到了丑石的伟大，我甚至怨恨它这么多年竟会默默地忍受着这一切！而我又立即深深地感到它那种不屈于误解、寂寞的生存的伟大。

——节选自贾平凹《丑石》

1．词语难点提示

黑黝黝 hēiyǒuyǒu	似的 shìde	麦子 màizi	丑石 chǒushí
细腻 xìnì	浣纱 huànshā	静静地 jìngjìngde	槐荫 huáiyīn
庇覆 bìfù	繁衍 fányǎn	枝蔓 zhīwàn	力气 lìqi
只好 zhíhǎo	一日 yírì	一个 yígè	立即 lìjí
一块陨石 yíkuàiyǔnshí	小心翼翼 xiǎoxīn-yìyì	憧憬 chōngjǐng	一躺 yìtǎng

2．句子难点提示

“我甚至怨恨它这么多年竟会默默地忍受着这一切！”此句话停顿在“它”和“这么”之间，“这么”和“默默”为重音所在，末尾为降调。

“而我又立即深深地感到它那种不屈于误解、寂寞的生存的伟大。”此句话的停顿在“感到”和“它”之间。

3．整体朗读提示

注意作者前后态度的变化，知道丑石是陨石之前，朗读时语气要略带不屑一顾，但不能太露骨，朗读那块丑石原来是陨石时要带有惊奇而又遗憾的心情。

作品 4 号

在达瑞八岁的时候，有一天他想去看电影。因为没有钱，他想是向爸妈要钱，还是自己挣钱。最后他选择了后者。他自己调制了一种汽水，向过路的行人出售。可那时正是寒冷的冬天，没有人买，只有两个人例外——他的爸爸和妈妈。

他偶然有一个和非常成功的商人谈话的机会。当他对商人讲述了自己的“破产史”后，商人给了他两个重要的建议：一是尝试为别人解决一个难题；二是把精力集中在你知道的、你会的和你拥有的东西上。

这两个建议很关键。因为对于一个八岁的孩子而言，他不会做的事情很多。于是他穿过大街小巷，不停地思考：人们会有什么难题，他又如何利用这个机会？

一天，吃早饭时父亲让达瑞去取报纸。美国的送报员总是把报纸从花园篱笆的一个特制的管子里塞进来。假如你想穿着睡衣舒舒服服地吃早饭和看报纸，就必须离开温暖的房间，冒着寒风，到花园去取。虽然路短，但十分麻烦。

当达瑞为父亲取报纸的时候，一个主意诞生了。当天他就按响邻居的门铃，对他们说，每个月只需付给他一美元，他就每天早上把报纸塞到他们的房门底下。大多数人都同意了，很快他有//了七十多个顾客。

——节选自[德]博多·舍费尔《达瑞的故事》，刘志明译

1. 词语难点提示

达瑞 Dáruì	时候 shíhou	因为 yīn・wèi	挣钱 zhèngqián
调制 tiáozhì	汽水 qìshuǐ	偶然 ǒurán	机会 jī・huì
知道 zhīdào	东西 dōngxi	事情 shìqing	什么 shénme
篱笆 líba	管子里 guǎnzi・lǐ	塞进来 sāijìn・lái	麻烦 máfan
主意 zhǔyi	诞生 dànshēng	早上 zǎoshang	房门底下 fángméndǐ・xià

2. 句子难点提示

"因为没有钱，他想是向爸妈要钱，还是自己挣钱。"此句的语音停顿宜在"想"和"是"之间，末尾的语调为上升调。

3. 整体朗读提示

这虽然是一篇叙事文章，但富有哲理，启发人们发现自我，创造机会，可采用自然、深沉的感情基调，并用平实、质朴的声音表达出作者的感受来。

作品 5 号

这是入冬以来，胶东半岛上第一场雪。

雪纷纷扬扬，下得很大。开始还伴着一阵儿小雨，不久就只见大片大片的雪花，从彤云密布的天空中飘落下来。地面上一会儿就白了。冬天的山村，到了夜里就万籁俱寂，只听得雪花簌簌地不断往下落，树木的枯枝被雪压断了，偶尔咯吱一声响。

大雪整整下了一夜。今天早晨，天放晴了，太阳出来了。推开门一看，嗬！好大的雪啊！山川、河流、树木、房屋，全都罩上了一层厚厚的雪，万里江山，变成了粉妆玉砌的世界。落光了叶子的柳树上挂满了毛茸茸亮晶晶的银条儿；而那些冬夏常青的松树和柏树上，则挂满了蓬松松沉甸甸的雪球儿。一阵风吹来，树枝轻轻地摇晃，美丽的银条儿和雪球儿簌簌地落下来，玉屑似的雪末儿随风飘扬，映着清晨的阳光，显出一道道五光十色的彩虹。

大街上的积雪足有一尺多深，人踩上去，脚底下发出咯吱咯吱的响声。一群群孩子在雪地里堆雪人，掷雪球儿。那欢乐的叫喊声，把树枝上的雪都震落下来了。

俗话说，"瑞雪兆丰年"。这个话有充分的科学根据，并不是一句迷信的成语。寒冬大雪，可以冻死一部分越冬的害虫；融化了的水渗进土层深处，又能供应//庄稼生长的需要。

——节选自峻青《第一场雪》

1. 词语难点提示

一阵儿 yízhènr	只见 zhǐjiàn	一会儿 yíhuìr	彤云密布 tóngyún-mìbù
簌簌 sùsù	偶尔 ǒu'ěr	(雪)啊 ya	粉妆玉砌 fěnzhuāng-yùqì
银条儿 yíntiáor	柏树 bǎishù	咯吱 gēzhī	蓬松松 péngsōngsōng
雪球儿 xuěqiúr	雪末儿 xuěmòr	下来了 xià・láile	万籁俱寂 wànlài-jùjì
融化 rónghuà	供应 gōngyìng	沉甸甸 chéndiàndiàn	毛茸茸 máoróngróng

2. 句子难点提示

"落光了叶子的柳树上挂满了毛茸茸亮晶晶的银条儿……"此句的停顿宜在"柳树上"

和“挂满了”之间，“满”“毛茸茸”“亮晶晶”为重音所在，为了表达作者的惊喜之情，末尾用升调。

3. 整体朗读提示

这是一篇描写胶东半岛入冬后第一场雪的作品。文章前一部分主要描写了雪景，后一部分主要写了大雪对农作物的益处。根据作品的线索，朗读可分为两个部分。前一部分细腻描写入冬后第一场雪的“雪势”“雪景”及雪后人们的活动，朗读时要体现动景与静景的区别，要把作者对美丽雪景的喜爱之情和雪地里孩子们打闹的欢乐情景表现出来；后一部分主要写了大雪对农作物的益处，朗读时，要以朴素自然的语声缓缓读出，表现出作者热爱生活、关心农业生产的可贵品质。

作品 6 号

我常想读书人是世间幸福人，因为他除了拥有现实的世界之外，还拥有另一个更为浩瀚也更为丰富的世界。现实的世界是人人都有的，而后一个世界却为读书人所独有。由此我想，那些失去或不能阅读的人是多么的不幸，他们的丧失是不可补偿的。世间有诸多的不平等，财富的不平等，权力的不平等，而阅读能力的拥有或丧失却体现为精神的不平等。

一个人的一生，只能经历自己拥有的那一份欣悦，那一份苦难，也许再加上他亲自闻知的那一些关于自身以外的经历和经验。然而，人们通过阅读，却能进入不同时空的诸多他人的世界。这样，具有阅读能力的人，无形间获得了超越有限生命的无限可能性。阅读不仅使他多识了草木虫鱼之名，而且可以上溯远古下及未来，饱览存在的与非存在的奇风异俗。

更为重要的是，读书加惠于人们的不仅是知识的增广，而且还在于精神的感化与陶冶。人们从读书学做人，从那些往哲先贤以及当代才俊的著述中学得他们的人格。人们从《论语》中学得智慧的思考，从《史记》中学得严肃的历史精神，从《正气歌》中学得人格的刚烈，从马克思学得人世//的激情，……

——节选自谢冕《读书人是幸福人》

1. 词语难点提示

除了 chúle	浩瀚 hàohàn	多么 duōme	不幸 búxìng
丧失 sàngshī	诸多 zhūduō	一生 yìshēng	一份 yífèn
一些 yìxiē	他们 tāmen	权力 quánlì	多识 duōshí
上溯 shàngsù	陶冶 táoyě	知识 zhīshi	才俊 cáijùn
草木虫鱼 cǎo-mù-chóng-yú		往哲先贤 wǎngzhé-xiānxián	

2. 句子难点提示

“也许再加上他亲自闻知的那一些关于自身以外的经历和经验。”此句的停顿在“加上”后，“那一些”之前，“经历”之前，末尾用降调。

3. 整体朗读提示

这是一篇对读书充满深情厚谊的议论文，所以朗读时要把作者语重心长、耐人寻味的心声表述出来，语气要厚重、坚实。

作品 7 号

一天，爸爸下班回到家已经很晚了，他很累也有点儿烦，他发现五岁的儿子靠在门旁正等着他。

“爸，我可以问您一个问题吗?”

“什么问题?”“爸，您一小时可以赚多少钱? “这与你无关，你为什么问这个问题?”父亲生气地说。

“我只是想知道，请告诉我，您一小时赚多少钱?”小孩儿哀求道。“假如你一定要知道的话，我一小时赚二十美金。”

“哦，”小孩儿低下了头，接着又说，“爸，可以借我十美金吗?”父亲发怒了：“如果你只是要借钱去买毫无意义的玩具的话，给我回到你的房间睡觉去。好好想想为什么你会那么自私。我每天辛苦工作，没时间和你玩儿小孩子的游戏。”

小孩儿默默地回到自己的房间关上门。

父亲坐下来还在生气。后来，他平静下来了。心想他可能对孩子太凶了——或许孩子真的很想买什么东西，再说他平时很少要过钱。

父亲走进孩子的房间：“你睡了吗?”“爸，还没有，我还醒着。”孩子回答。

“我刚才可能对你太凶了，”父亲说，“我不应该发那么大的火儿——这是你要的十美金。”“爸，谢谢您。”孩子高兴地从枕头下拿出一些被弄皱的钞票，慢慢地数着。

“为什么你已经有钱了还要?”父亲不解地问。

“因为原来不够，但现在凑够了。”孩子回答，“爸我现在有∥二十美金了，……

——节选自《二十美金的价值》，唐继柳编译

1. 词语难点提示

一天 yìtiān	爸爸 bàba	已经 yǐ • jīng	有点儿 yǒudiǎnr
儿子 érzi	等着 děngzhe	可以 kéyǐ	一个 yígè
您 nín	一小时 yìxiǎoshí	与 yǔ	为什么 wèishénme
这个 zhège	告诉 gàosu	小孩儿 xiǎoháir	一定 yídìng
哦 ò	接着 jiēzhe	好好 háohǎo	想想 xiǎngxiang
那么 nàme	玩儿 wánr	默默地 mòmòde	平静 píngjìng
真的 zhēnde	东西 dōngxi	要过 yàoguo	孩子 háizi
醒着 xǐngzhe	应该 yīnggāi	火儿 huǒr	谢谢 xièxie
枕头 zhěntou	一些 yìxiē	因为 yīn • wèi	不够 búgòu

2. 句子难点提示

“如果你只是要借钱去买毫无意义的玩具的话，给我回到你的房间睡觉去。”此句是父亲发怒时的言语，朗读时语气贯通，一气呵成，表现出父亲的生气和责备。

3. 整体朗读提示

这篇文章的角色对话很多，朗读时要注意把孩子稚嫩和渴望的语言与父亲疲惫、不耐烦的语言进行对比，同时也要注意区分父亲发怒时和平静之后语言的鲜明不同。

作品 8 号

我爱月夜，但我也爱星天。从前在家乡七八月的夜晚在庭院里纳凉的时候，我最爱看天上密密麻麻的繁星。望着星天，我就会忘记一切，仿佛回到了母亲的怀里似的。

三年前在南京我住的地方有一道后门，每晚我打开后门，便看见一个静寂的夜。下面是一片菜园，上面是星群密布的蓝天。星光在我们的肉眼里虽然微小，然而它使我们觉得光明无处不在。那时候我正在读一些天文学的书，也认得一些星星，好像它们就是我的朋友，它们常常在和我谈话一样。

如今在海上，每晚和繁星相对，我把它们认得很熟了。我躺在舱面上，仰望天空。深蓝色的天空里悬着无数半明半昧的星。船在动，星也在动，它们是这样低，真是摇摇欲坠呢！渐渐地我的眼睛模糊了，我好像看见无数萤火虫在我的周围飞舞。海上的夜是柔和的，是静寂的，是梦幻的。我望着许多认识的星，我仿佛看见它们在对我眨眼，我仿佛听见它们在小声说话。这时我忘记了一切。在星的怀抱中我微笑着，我沉睡着。我觉得自己是一个小孩子，现在睡在母亲的怀里了。

有一夜，那个在哥伦波上船的英国人指给我看天上的巨人。他用手指着：//那四颗明亮的星……

——节选自巴金《繁星》

1. 词语难点提示

时候 shíhou	天上 tiānshang	密密麻麻 mìmì-mámá	繁星 fánxīng
一切 yíqiè	似的 shìde	地方 dìfang	一道 yídào
一个 yígè	静寂 jìngjì	一片 yípiàn	然而 rán'ér
无处不在 wúchù-búzài	一些 yìxiē	认得 rènde	星星 xīngxing
朋友 péngyou	一样 yíyàng	仰望 yǎngwàng	悬着 xuánzhe
半明半昧 bànmíng-bànmèi		摇摇欲坠 yáoyáo-yùzhuì	
渐渐地 Jiànjiànde	眼睛 yǎnjing	模糊 móhu	梦幻 mènghuàn
看见 kàn・jiàn	眨眼 zháyǎn	觉得 jué・dé	一夜 yíyè
那个 nàge			

2. 句子难点提示

"有一夜，那个在哥伦波上船的英国人指给我看天上的巨人。"此句的停顿在"英国人"之后，同时注意"指""给"和"我"都是上声，形成语流后，要发生音变。

3. 整体朗读提示

作品中三次写繁星，由于年龄、阅历、心情和时间、地点、氛围的不同，表现出的意境和感受就不同。朗读时要注意三次写繁星行文感情处理的不同。第一次是在自家院子，卧看时，所见的天空有限，显得深而且远，因此有回到母亲怀里的感觉。第二次是在南京的菜园地，作者当时挣脱出了封建家庭的樊笼，来到大的天地中，接受了自然科学的知识，因此觉得星星很亲切，光明无所不在。第三次是在海上，船动星移，追引起梦幻之感，出国之际，对未来有种种设想，又有淡淡的乡愁，不由又回忆起童年来了。

作品 9 号

假日到河滩上转转，看见许多孩子在放风筝。一根根长长的引线，一头系在天上，一头系在地上，孩子同风筝都在天与地之间悠荡，连心也被悠荡得恍恍惚惚了，好像又回到了童年。

儿时的放风筝，大多是自己的长辈或家人编扎的，几根削得很薄的篾，用细纱线扎成各种鸟兽的造型，糊上雪白的纸片，再用彩笔勾勒出面孔与翅膀的图案。通常扎得最多的是“老雕”“美人儿”“花蝴蝶”等。

我们家前院就有位叔叔，擅扎风筝，远近闻名。他扎得风筝不只体型好看，色彩艳丽，放飞得高远，还在风筝上绷一叶用蒲苇削成的膜片，经风一吹，发出“嗡嗡”的声响，仿佛是风筝的歌唱，在蓝天下播扬，给开阔的天地增添了无尽的韵味，给驰荡的童心带来几分疯狂。

我们那条胡同的左邻右舍的孩子们放的风筝几乎都是叔叔编扎的。他的风筝不卖钱，谁上门去要，就给谁，他乐意自己贴钱买材料。

后来，这位叔叔去了海外，放风筝也渐与孩子们远离了。不过年年叔叔给家乡写信，总不忘提起儿时的放风筝。香港回归之后，他在家信中说到，他这只被故乡放飞到海外的风筝，尽管飘荡游弋，经沐风雨，可那线头儿一直在故乡和//亲人手中牵着，……

——节先自李恒瑞《风筝畅想曲》

1. 词语难点提示

转转 zhuànzhuan	孩子 háizi	风筝 fēngzheng	一根根 yìgēngēn
一头儿 yìtóur	系 jì	与 yǔ	悠荡 yōudàng
恍恍惚惚 huǎnghuǎng-hūhū	编扎 biānzā	削 xiāo	薄 báo
篾 miè	勾勒 gōulè	美人儿 měirénr	叔叔 shūshu
擅扎 shànzā	体型 tǐxíng	绷 bēng	一叶 yíyè
蒲苇 púwěi	膜片 mópiàn	一吹 yìchuī	嗡嗡 wēngwēng
增添 zēngtiān	胡同 hútòngr	左邻右舍 zuǒlín-yòushè	不卖钱 búmàiqián
谁 shéi	不过 búguò	不忘 búwàng	尽管 jǐnguǎn
游弋 yóuyì	经沐 jīngmù	钱头儿 xiàntóur	一直 yìzhí

2. 句子难点提示

“我们那条胡同的左邻右舍的孩子们放的风筝几乎都是叔叔编扎的。”此句的停顿在“风筝”和“几乎”之间，句子末尾为降调。

3. 整体朗读提示

这是一篇关于童年美好回忆的作品，语言自然清新。朗读时可以使用甜美的声音，把作者的童趣勾勒出来。最后一个自然段和倒数第二个自然段的最后一句话是全文的画龙点睛之笔，朗读时饱含着深深的思乡之情和爱国之情。

作品 10 号

爸不懂得怎样表达爱，使我们一家人融洽相处的是我妈。他只是每天上班下班，而妈则把我们做过的错事开列清单，然后由他来责骂我们。

有一次我偷了一块糖果，他要我把它送回去，告诉卖糖的说是我偷来的，说我愿意替他拆箱卸货作为赔偿。但妈妈却明白我只是个孩子。

我在运动场打秋千跌断了腿，在前往医院途中一直抱着我的，是我妈。爸把汽车停在急诊室门口，他们叫他驶开，说那空位是留给紧急车辆停放的。爸听了便叫嚷道："你以为这是什么车？旅游车？"

在我生日会上，爸总是显得有些不大相称。他只是忙于吹气球，布置餐桌，做杂务。把插着蜡烛的蛋糕推过来让我吹的，是我妈。

我翻阅照相册时，人们总是问："你爸爸是什么样子的？"天晓得！他老是忙着替别人拍照。妈和我笑容可掬地一起拍的照片，多得不可胜数。

我记得妈有一次叫他教我骑自行车。我叫他别放手，但他却说是应该放手的时候了。我摔倒之后，妈跑过来扶我，爸却挥手要她走开。我当时生气极了，决心要给他点颜色看。于是我马上爬上自行车，而且自己骑给他看。他只是微笑。

我念大学时，所有的家信都是妈写的。他//除了寄支票外，……

——节选自[美]艾尔玛·邦贝克《父亲的爱》

1. 词语难点提示

懂得 dǒng·dé	我们 wǒmen	一家人 yìjiārén	相处 xiāngchǔ
做过的 zuòguode	一次 yícì	一块 yíkuài	送回去 sònghuí·qù
偷来的 tōu·láide	赔偿 péicháng	明白 míngbai	孩子 háizi
跌断了 diēduànle	一直 yìzhí	空位 kòngwèi	叫嚷 jiàorǎng
不大相称 búdàxiāngchèn		样子 yàngzi	
晓得 xiǎo·dé		笑容可掬 xiàoróng-kějū	
一起 yìqǐ	照片 zhàopiàn	记得 jì·dé	点(儿)diǎnr

2. 句子难点提示

"他只是每天上班下班，而妈则把我们做过的错事开列清单，然后由他来责骂我们。"此句把爸爸的行为和妈妈的行为进行比较，为了区分爸爸和妈妈行为的不同，朗读时要注意重音所在，第一个分句重音在"只是"上，第二个分句的重音在"妈"上，第三个分句在"他"上。

3. 整体朗读提示

本文结构方式独特，几乎每一段都是以对比的方式来写的，而每一段的对比又无不紧扣题旨——父亲的爱。从文字表面来看，作者对"爸不懂得怎样表达爱"似乎颇有微词，带有责备之意，然而从行文的结果来看，给人的感觉是：父亲的爱是深沉的，表达爱的方式是独特的，它不像母爱那样细致入微，那么容易让人觉察。因此，朗读时，要区分朗读爸爸的行为和妈妈的行为。在朗读爸爸的行为时，语气要含蓄一些，叙述要客观一些，责备中含有理解，回味中略带惋惜。对父亲的敬重与感激之情要通过对比的讲述和线索的发展，含蓄而委婉地表达出来。

作品 11 号

一个大问题一直盘踞在我脑袋里：

世界杯怎么会有如此巨大的吸引力？除去足球本身的魅力之外，还有什么超乎其上而更伟大的东西？

近来观看世界杯，忽然从中得到了答案：是由于一种无上崇高的精神情感——国家荣誉感！

地球上的人都会有国家的概念，但未必时时都有国家的感情。往往人到异国，思念家乡，心怀故国，这国家概念就变得有血有肉，爱国之情来得非常具体。而现代社会，科技昌达，信息快捷，事事上网，世界真是太小太小，国家的界限似乎也不那么清晰了。再说足球正在快速世界化，平日里各国球员频繁转会，往来随意，致使越来越多的国家联赛都具有国际的因素。球员们不论国籍，只效力于自己的俱乐部，他们比赛时的激情中完全没有爱国主义的因子。

然而，到了世界杯大赛，天下大变。各国球员都回国效力，穿上与光荣的国旗同样色彩的服装。在每一场比赛前，还高唱国歌以宣誓对自己祖国的挚爱与忠诚。一种血缘情感开始在全身的血管里燃烧起来，而且立刻热血沸腾。

在历史时代，国家间经常发生对抗，好男儿戎装卫国。国家的荣誉往往需要以自己的生命去//换取。

——节选自冯骥才《国家荣誉感》

1. 词语难点提示

一个 yígè	一直 yìzhí	盘踞 pánjù	脑袋 nǎodai
怎么 zěnme	魅力 mèilì	东西 dōngxi	一种 yìzhǒng
概念 gàiniàn	往往 wǎngwǎng	有血有肉 yǒuxiěyǒuròu	昌达 chāngdá
似乎 sìhū	清晰 qīngxī	频繁 pínfán	不论 búlùn
然而 rán'ér	与 yǔ	每一场 měiyìchǎng	挚爱 zhì'ài
血缘 xuèyuán	血管 xuèguǎn	热血沸腾 rèxuèfèiténg	戎装 róngzhuāng

2. 句子难点提示

“在每一场比赛前，还高唱国歌以宣誓对自己祖国的挚爱与忠诚。”此句中后一个分句的停顿在“国歌”的后面，句子末尾为降调。

3. 整体朗读提示

本篇写了作者从足球比赛中获得的领悟和感受，朗读时应该注意语调自然，感情真切，节奏明朗适中。

作品 12 号

夕阳落山不久，西方的天空，还燃烧着一片橘红色的晚霞。大海，也被这霞光染成了红色，而且比天空的景色更要壮观。因为它是活动的，每当一排排波浪涌起的时候，那映照在浪峰上的霞光，又红又亮，简直就像一片片霍霍燃烧着的火焰，闪烁着，消失了。而后面的一排，又闪烁着，滚动着，涌了过来。

天空的霞光渐渐地淡下去了，深红的颜色变成了绯红，绯红又变为浅红。最后，当这一切红光都消失了的时候，那突然显得高而远了的天空，则呈现出一片肃穆的神色。最早出现的启明星，在这蓝色的天幕上闪烁起来了。它是那么大，那么亮，整个广漠的天幕上只有它在那里放射着令人注目的光辉，活像一盏悬挂在高空的明灯。

夜色加浓，苍空中的“明灯”越来越多了。而城市各处的真的灯火也次第亮了起来，尤其是围绕在海港周围山坡上的那一片灯光，从半空倒映在乌蓝的海面上，随着波浪，晃动着，闪烁着，像一串流动着的珍珠，和那一片片密布在苍穹里的星斗互相辉映，煞是好看。

在这幽美的夜色中，我踏着软绵绵的沙滩，沿着海边，慢慢地向前走去。海水，轻轻地抚摸着细软的沙滩，发出温柔的//唰唰声。

——节选自峻青《海滨仲夏夜》

1. 词语难点提示

燃烧着 ránshāozhe	而且 érqiě	一排排 yìpáipái	波浪 bōlàng
涌起 yǒngqǐ	一片片 yípiànpiàn	霍霍 huòhuò	消失 xiāoshī
闪烁着 shǎnshuòzhe	绯红 fēihóng	一切 yíqiè	肃穆 sùmù
广漠 guǎngmò	次第 cìdì	围绕 wéirào	苍穹 cāngqióng
互相 hùxiāng	煞 shà	软绵绵 ruǎnmiánmián	抚摸 fǔmō

2. 句子难点提示

“整个广漠的天幕上只有它在那里放射着令人注目的光辉，活像一盏悬挂在高空的明灯。”此句的停顿在“只有”前，“只有”后面的“它”是重音所在。

3. 整体朗读提示

本篇是优美的写景散文。作者抓住夕阳落山不久—月到中天这段时间的光线和色彩的变化，描绘了夏夜海滨特有的景色和劳动者的闲适、欢愉的休憩场面，抒发了对美好生活的赞美之情。朗读本篇，要注意以“动”衬“静”，以“静”显“动”，动静结合的结构特色，充分表现出“夕阳落山不久”和“夜色加浓”后景色的变化及其特点。朗读前两段，宜以热烈、欢快、略带跳跃感的语调和节奏，来表现“晚霞”映照下的大海的动景；随着“晚霞”的暗淡，“启明星”的出现，朗读的速度渐缓，语声也趋于柔和，体现出“动”中之“静”。朗读后两段时，应体现出基调的主旋律：温馨、轻柔、愉悦、舒缓，如春雨悄悄潜入。朗读时要热情、真切，让听者从你的声音里感受到大自然的多彩多姿和生活之美。

作品 13 号

生命在海洋里诞生绝不是偶然的，海洋的物理和化学性质，使它成为孕育原始生命的摇篮。

我们知道，水是生物的重要组成部分，许多动物组织的含水量在百分之八十以上，而一些海洋生物的含水量高达百分之九十五。水是新陈代谢的重要媒介，没有它，体内的一系列生理和生物化学反应就无法进行，生命也就停止。因此，在短时期内动物缺水要比缺少食物更加危险。水对今天的生命是如此重要，它对脆弱的原始生命，更是举足轻重了。生命在海洋里诞生，就不会有缺水之忧。

水是一种良好的溶剂。海洋中含有许多生命所必需的无机盐，如氯化钠、氯化钾、碳酸盐、磷酸盐，还有溶解氧，原始生命可以毫不费力地从中吸取它所需要的元素。

水具有很高的热容量，加之海洋浩大，任凭夏季烈日曝晒，冬季寒风扫荡，它的温度变化却比较小。因此，巨大的海洋就像是天然的“温箱”，是孕育原始生命的温床。

阳光虽然为生命所必需，但是阳光中的紫外线却有扼杀原始生命的危险。水能有效地吸收紫外线，因而又为原始生命提供了天然的“屏障”。

这一切都是原始生命得以产生和发展的必要条件。//

——节选自童裳亮《海洋与生命》

1. 词语难点提示

生命 shēngmìng	不是 búshì	孕育 yùnyù	部分 bùfen
一些 yìxiē	新陈代谢 xīnchén-dàixiè	一系列 yíxìliè	反应 fǎnyìng
举足轻重 jǔzú-qīngzhòng	诞生 dànshēng	不会 búhuì	一种 yìzhǒng
氯化钠 lǜhuà'nà	磷酸盐 línsuānyán	任凭 rènpíng	曝晒 pùshài
扼杀 èshā	提供 tígōng	屏障 píngzhàng	一切 yíqiè

2. 句子难点提示

“海洋中含有许多生命所必需的无机盐，如氯化钠、氯化钾、碳酸盐、磷酸盐，还有溶解氧，原始生命可以毫不费力地从中吸取它所需要的元素。”此句有几个化学术语，要读好。此外第一个分句的停顿在“含有”之前，最后一个分句的停顿在“从中”之前。

3. 整体朗读提示

这是一篇说明文，但字里行间又充满了对生命之源——水的赞美之情，朗读时注意融入这种情感，做到客观说明和情感表达的有机结合。

作品 14 号

读小学的时候，我的外祖母去世了。外祖母生前最疼爱我，我无法排除自己的忧伤，每天在学校的操场上一圈儿又一圈儿地跑着，跑得累倒在地上，扑在草坪上痛哭。

那哀痛的日子，断断续续地持续了很久，爸爸妈妈也不知道如何安慰我。他们知道与其骗我说外祖母睡着了，还不如对我说实话：外祖母永远不会回来了。

“什么是永远不会回来呢？”我问着。

“所有时间里的事物，都永远不会回来。你的昨天过去，它就永远变成昨天，你不能再回到昨天。爸爸以前也和你一样小，现在也不能回到你这么小的童年了；有一天你会长大，你会像外祖母一样老；有一天你度过了你的时间，就永远不会回来了。”爸爸说。

爸爸等于给我一个谜语，这谜语比课本上的“日历挂在墙壁，一天撕去一页，使我心里着急”和“一寸光阴一寸金，寸金难买寸光阴”还让我感到可怕；也比作文本上的“光阴似箭，日月如梭”更让我觉得有一种说不出的滋味。

时间过得那么飞快，使我的小心眼儿里不只是着急，还有悲伤。有一天我放学回家，看到太阳快落山了，就下决心说："我要比太阳更快地回家。"我狂奔回去，站在庭院前喘气的时候，看到太阳//还露着半边脸，……

——节选自林清玄《和时间赛跑》

1. 词语难点提示

外祖母 wàizǔmǔ	忧伤 yōushāng	一圈儿 yìquānr	持续 chíxù
睡着了 shuìzháole	永远 yǒngyuǎn	不会 búhuì	回来了 huí · láile
度过了 dùguòle	等于 děngyú	谜语 míyǔ	一天 yìtiān
一寸 yícùn		光阴似箭 guāngyīnsìjiàn	
一种 yìzhǒng		说不出 shuō · bùchū	
滋味 zīwèi	小心眼儿里 xiǎoxīnyǎnr · lǐ		着急 zháojí

2. 句子难点提示

"也比作文本上的'光阴似箭，日月如梭'更让我觉得有一种说不出的滋味。"此句的停顿在"更"之前，而且"更"为重音所在，同时朗读时语调中有淡淡的忧伤。

3. 整体朗读提示

朗读这篇文章注意前半部分和后半部分要做不同的处理，朗读前半部分时语速缓慢，带有不安、悲痛、不解、低沉的心情，朗读后半部分时要带有坚定、沉稳的心情，语速适中。

作品 15 号

三十年代初，胡适在北京大学任教授。讲课时他常常对白话文大加称赞，引起一些只喜欢文言文而不喜欢白话文的学生的不满。

一次，胡适正讲得得意的时候，一位姓魏的学生突然站了起来，生气地问："胡先生，难道说白话文就毫无缺点吗?"胡适微笑着回答说："没有。"那位学生更加激动了："肯定有！白话文废话太多，打电报用字多，花钱多。"胡适的目光顿时变亮了。轻声地解释说："不一定吧！前几天有位朋友给我打来电报，请我去政府部门工作，我决定不去，就回电拒绝了。复电是用白话写的，看来也很省字。请同学们根据我这个意思，用文言文写一个回电，看看究竟是白话文省字，还是文言文省字?"胡教授刚说完，同学们立刻认真地写了起来。

十五分钟过去，胡适让同学举手，报告用字的数目，然后挑了一份用字最少的文言电报稿，电文是这样写的：

"才疏学浅，恐难胜任，不堪从命。"白话文的意思是：学问不深，恐怕很难担任这个工作，不能服从安排。

胡适说，这份写得确实不错，仅用了十二个字。但我的白话电报却只用了五个字：

"干不了，谢谢!"

胡适又解释说："干不了"就有才疏学浅、恐难胜任的意思；"谢谢"既//对朋友的介绍表示感谢，……

——节选自陈灼主编《实用汉语中级教程(上)》中《胡适的白话电报》

1. 词语难点提示

白话文 báihuàwén	称赞 chēngzàn	引起 yǐnqǐ	文言文 wényánwén
学生 xuésheng	不满 bùmǎn	起来 qǐ・lái	微笑 wēixiào
顿时 dùnshí	不一定 bùyídìng	不去 búqù	根据 gēnjù
意思 yìsi	举手 jǔshǒu	才疏学浅 cáishū-xuéqiǎn	
干不了 gàn・bùliǎo			

2. 句子难点提示

“请同学们根据我这个意思，用文言文写一个回电，看看究竟是白话文省字，还是文言文省字?”此句中后两个分句的语音停顿在“看看”的后面，末尾虽然有问号，但读时应该为降调。

3. 整体朗读提示

本篇文章的对话比较多，特别注意学生和胡适两种角色语言的区别，朗读时稍作夸张，把两者截然不同的观点通过自己的声音鲜明地突出出来。

作品 16 号

很久以前，在一个漆黑的秋天的夜晚，我泛舟在西伯利亚一条阴森森的河上。船到一个转弯处，只见前面黑黢黢的山峰下面一星火光蓦地一闪。

火光又明又亮，好像就在眼前……

“好啦，谢天谢地!”我高兴地说，“马上就到过夜的地方啦!”

船夫扭头朝身后的火光望了一眼，又不以为然地划起桨来。

“远着呢!”

我不相信他的话，因为火光冲破朦胧的夜色，明明在那儿闪烁。不过船夫是对的，事实上，火光的确还远着呢。

这些黑夜的火光的特点是：驱散黑暗，闪闪发亮，近在眼前，令人神往。乍一看，再划几下就到了……其实却还远着呢！……

我们在漆黑如墨的河上又划了很久。一个个峡谷和悬崖，迎面驶来，又向后移去，仿佛消失在茫茫的远方，而火光却依然停在前头，闪闪发亮，令人神往——依然是这么近，又依然是那么远……

现在，无论是这条被悬崖峭壁的阴影笼罩的漆黑的河流，还是那一星明亮的火光，都经常浮现在我的脑际，在这以前和在这以后，曾有许多火光，似乎近在咫尺，不止使我一人心驰神往。可是生活之河却仍然在那阴森森的两岸之间流着，而火光也依旧非常遥远。因此，必须加劲划桨……

然而，火光啊……毕竟……毕竟就//在前头!

——节选自[俄]柯罗连科《火光》，张铁夫译

1. 词语难点提示

一个 yígè	漆黑 qīhēi	一条 yìtiáo	阴森森 yīnsēnsēn
转弯 zhuǎnwān	黑黢黢 hēiqūqū	一星 yìxīng	蓦地 mòdì

一闪 yìshǎn	好啦 hǎola	地方 dìfang	一眼 yìyǎn
不相信 bùxiāngxìn	因为 yīn · wèi	朦胧 ménglóng	那儿 nàr
闪烁 shǎnshuò	闪闪 shǎnshǎn	令人神往 lìngrénshénwǎng	
乍一看 zhàyíkàn	很久 hěnjiǔ	一个个 yígègè	前头 qiántou
阴影 yīnyǐng	咫尺 zhǐchǐ	不止 bùzhǐ	一人 yìrén
前头 qiántou			

2. 句子难点提示

“无论是这条被悬崖峭壁的阴影笼罩的漆黑的河流，还是那一星明亮的火光，都经常浮现在我的脑际，……”此句的第一个分句比较长，停顿应在“笼罩”之前。

3. 整体朗读提示

这篇文章运用了象征的写作手法，文中的火光象征着光明和希望，能让人们感到温暖，给人们以勇气。朗读时要把现实的阴暗和作者对未来充满憧憬的希望之情作以不同的处理。

作品 17 号

对于一个在北平住惯的人，像我，冬天要是不刮风，便觉得是奇迹；济南的冬天是没有风声的。对于一个刚由伦敦回来的人，像我，冬天要能看得见日光，便觉得是怪事；济南的冬天是响晴的。自然，在热带的地方，日光永远是那么毒，响亮的天气，反有点儿叫人害怕。可是，在北方的冬天，而能有温晴的天气，济南真得算个宝地。

设若单单是有阳光，那也算不了出奇。请闭上眼睛想：一个老城，有山有水，全在天底下晒着阳光，暖和安适地睡着，只等春风来把它们唤醒，这是不是理想的境界？小山把济南围了个圈儿，只有北边缺着点口儿。这一圈小山在冬天特别可爱，好像是把济南放在一个小摇篮里，它们安静不动地低声地说：“你们放心吧，这儿准保暖和。”真的，济南的人们在冬天是面上含笑的。他们一看那些小山，心中便觉得有了着落，有了依靠。他们由天上看到山上，便不知不觉地想起：明天也许就是春天了吧？这样的温暖，今天夜里山草也许就绿起来了吧？就是这点儿幻想不能一时实现，他们也并不着急，因为这样慈善的冬天，干什么还希望别的呢！

最妙的是下点儿小雪呀。看吧，山上的矮松越发的青黑，树尖儿上顶//着一髻儿白花，……

——节选自老舍《济南的冬天》

1. 词语难点提示

一个 yígè	觉得 jué · dé	奇迹 qíjì	看得见 kàndejiàn
响晴 xiǎngqíng	地方 dìfang	永远 yǒngyuǎn	有点儿 yǒudiǎnr
真得 zhēnděi	算不了 suàn · bùliǎo	眼睛 yǎnjing	晒着 shàizhe
暖和 nuǎnhuo	唤醒 huànxǐng	是不是 shì · búshì	圈儿 quānr
只有 zhǐyǒu	点(儿)diǎnr	口儿 kǒur	不动 búdòng
这儿 zhèr	准保 zhǔnbǎo	一看 yíkàn	着落 zhuóluò

不知不觉 bùzhī-bùjué　也许 yěxǔ　一时 yìshí　着急 zháojí
下点儿 xiàdiǎnr　小雪 xiǎoxuě　树尖儿 shùjiānr

2. 句子难点提示

“小山把济南围了个圈儿，只有北边缺着点口儿。”此句中“了个圈儿”和“着点口儿”都是虚词和儿化的连用，读的时候不宜过快，否则就有不清楚的感觉。

3. 整体朗读提示

这是一篇充满诗情画意的散文，作者紧紧抓住济南冬天与众不同之处——温情这一特点，表达了对济南冬天的赞美和喜爱之情。朗读时应把这种情感融汇到声音中。

作品 18 号

纯朴的家乡村边有一条河，曲曲弯弯，河中架一弯石桥，弓样的小桥横跨两岸。

每天，不管是鸡鸣晓月，日丽中天，还是月华泻地，小桥都印下串串足迹，洒落串串汗珠。那是乡亲为了追求多棱的希望，兑现美好的遐想。弯弯小桥，不时荡过轻吟低唱，不时露出舒心的笑容。

因而，我稚小的心灵，曾将心声献给小桥：你是一弯银色的新月，给人间普照光辉；你是一把闪亮的镰刀，割刈着欢笑的花果；你是一根晃悠悠的扁担，挑起了彩色的明天！哦，小桥走进我的梦中。

我在漂泊他乡的岁月，心中总涌动着故乡的河水，梦中总看到弓样的小桥。当我访南疆探北国，眼帘闯进座座雄伟的长桥时，我的梦变得丰满了，增添了赤橙黄绿青蓝紫。

三十多年过去，我带着满头霜花回到故乡，第一紧要的便是去看望小桥。

啊！小桥呢？它躲起来了？河中一道长虹，浴着朝霞熠熠闪光。哦，雄浑的大桥敞开胸怀，汽车的呼啸、摩托的笛音、自行车的叮铃，合奏着进行交响乐；南来的钢筋、花布，北往的柑橙、家禽，绘出交流欢跃图……

啊！蜕变的桥，传递了家乡进步的消息，透露了家乡富裕的声音。时代的春风，美好的追求，我蓦地记起儿时唱//给小桥的歌，……

——节选自郑莹《家乡的桥》

1. 词语难点提示

纯朴 chúnpǔ　一条 yìtiáo　曲曲弯弯 qūqū-wānwān　一弯 yìwān
串串 chuànchuàn　足迹 zújì　为了 wèile　多棱 duōléng
兑现 duìxiàn　轻吟 qīngyín　稚小 zhìxiǎo　割刈 gēyì
晃悠悠 huàngyōuyōu　漂泊 piāobó　涌动 yǒngdòng　朝霞 zhāoxiá
熠熠 yìyì　北往 běiwǎng　蜕变 tuìbiàn　蓦地 mòdì

2. 句子难点提示

“你是一弯银色的新月，给人间普照光辉；你是一把闪亮的镰刀，割刈着欢笑的花果；你是一根晃悠悠的扁担，挑起了彩色的明天！”此句应注意朗读的层次性，使语调各异，否则就有呆板之感。

3. 整体朗读提示

这是一篇抒发浓浓乡情的散文，朗读时，应紧扣“故乡情”三个字，总的感情应定位在对往日甜蜜的回忆和对今日热情的讴歌。朗读时，声音不宜高亢，而应柔声婉转，如梦一般的甜美；节奏要有起伏，富有韵律，如诗一般的悠扬；语气语调可稍作夸张，以显示抒情的特点，但与舞台朗诵要有明显的区别。

作品 19 号

三百多年前，建筑设计师莱伊恩受命设计了英国温泽市政府大厅。他运用工程力学的知识，依据自己多年的实践，巧妙地设计了只用一根柱子支撑的大厅天花板。一年以后，市政府权威人士进行工程验收时，却说只用一根柱子支撑天花板太危险，要求莱伊恩再多加几根柱子。

莱伊恩自信只要一根坚固的柱子足以保证大厅安全，他的“固执”惹恼了市政官员，险些被送上法庭。他非常苦恼，坚持自己原先的主张吧，市政官员肯定会另找人修改设计；不坚持吧，又有悖自己为人的准则。矛盾了很长一段时间，莱伊恩终于想出了一条妙计，他在大厅里增加了四根柱子，不过这些柱子并未与天花板接触，只不过是装装样子。

三百多年过去了，这个秘密始终没有被人发现。直到前两年，市政府准备修缮大厅的天花板，才发现莱伊恩当年的“弄虚作假”。消息传出后，世界各国的建筑专家和游客云集，当地政府对此也不加掩饰，在新世纪到来之际，特意将大厅作为一个旅游景点对外开放，旨在引导人们崇尚和相信科学。

作为一名建筑师，莱伊恩并不是最出色的。但作为一个人，他无疑非常伟大，这种//伟大表现在他始终恪守着自己的原则，……

——节选自游宇明《坚守你的高贵》

1. 词语难点提示

莱伊恩 Láiyī’ēn	知识 zhīshi	一根 yìgēn	支撑 zhīchēng
一年 yìnián	柱子 zhùzi	固执 gùzhi	法庭 fǎtíng
苦恼 kǔ’nǎo	有悖 yǒubèi	一段 yíduàn	一条 yìtiáo
不过 búguò	与 yǔ	只不过 zhǐ · búguò	装装 zhuāngzhuang
这个 zhège	修缮 xiūshàn	弄虚作假 nòngxū-zuòjiǎ	消息 xiāoxi
一个 yígè	旨在 zhǐzài	一名 yìmíng	并不是 bìng · búshì

2. 句子难点提示

“莱伊恩自信只要一根坚固的柱子足以保证大厅的安全，他的‘固执’惹恼了市政官员，险些被送上法庭。”第一个分句停顿应该在“自信”的后面，重音在“一根”上。

3. 整体朗读提示

本文以建筑设计师莱伊恩的故事向读者讲述了一个深刻的哲理：恪守着自己的原则，哪怕遭遇到最大的阻力，也要想办法抵达胜利。在朗读叙事部分时要平和自然，不必过于夸张。

作品 20 号

自从传言有人在萨文河畔散步时无意发现了金子后，这里便常有来自四面八方的淘金者。他们都想成为富翁，于是寻遍了整个河床，还在河床上挖出很多大坑，希望借助它们找到更多的金子。的确，有一些人找到了，但另外一些人因为一无所得而只好扫兴归去。

也有不甘心落空的，便驻扎在这里，继续寻找。彼得·弗雷特就是其中一员。他在河床附近买了一块没人要的土地，一个人默默地工作。他为了找金子，已把所有的钱都押在这块土地上。他埋头苦干了几个月，直到土地全变成了坑坑洼洼，他失望了——他翻遍了整块土地，但连一丁点儿金子都没看见。

六个月后，他连买面包的钱都没有了。于是他准备离开这儿到别处去谋生。

就在他即将离去的前一个晚上，天下起了倾盆大雨，并且一下就是三天三夜。雨终于停了，彼得走出小木屋，发现眼前的土地看上去好像和以前不一样：坑坑洼洼已被大水冲刷平整，松软的土地上长出一层绿茸茸的小草。

“这里没找到金子，”彼得忽有所悟地说，“但这土地很肥沃，我可以用来种花，并且拿到镇上去卖给那些富人，他们一定会买些花装扮他们华丽的客厅。//……

——节选自《金子》，陶猛译

1. 词语难点提示

萨文 Sàwén	河畔 hépàn	金子 jīnzi	四面八方 sìmiàn-bāfāng
富翁 fùwēng	一些 yìxiē	因为 yīn·wèi	一无所得 yìwú-suǒdé
只好 zhǐhǎo	扫兴 sǎoxìng	驻扎 zhùzhā	彼得 Bǐdé
弗雷特 Fúléitè	一块 yíkuài	一个人 yígèrén	所有 suǒyǒu
坑坑洼洼 kēngkeng-wāwā		翻遍 fānbiàn	一丁点儿 yìdīngdiǎnr
这儿 zhèr	谋生 móushēng	即将 jíjiāng	倾盆大雨 qīngpén-dàyǔ
一下 yíxià	看上去 kànshàng·qù		不一样 bùyíyàng
一层 yìcéng	绿茸茸 lǜróngróng	可以 kěyǐ	一定 yídìng
装扮 zhuāngbàn			

2. 句子难点提示

“但另外一些人因为一无所得而只好扫兴归去。”此分句应停顿在“一些人”的后面，“而”的前面。

3. 整体朗读提示

本篇记叙了一个“淘金者”的故事。与众不同的是，他并没有像大多数“淘金者”那样，带着“失望”“扫兴而去”，正当他准备“到别处谋生”之时，意外的发现和顿悟，使他“留了下来”。终于，他以自己的“诚实”和“勤劳”，采集到了“真金”。朗读前一部分时语气略带失望之情，朗读后一部分时要通过声音把主人公顿悟后的欣喜表现出来。

作品 21 号

我在加拿大学习期间遇到过两次募捐，那情景至今使我难以忘怀。

一天，我在渥太华的街上被两个男孩子拦住去路，他们十来岁，穿得整整齐齐，每人头上戴着个做工精巧、色彩鲜艳的纸帽，上面写着“为帮助患小儿麻痹的伙伴募捐”。其中的一个，不由分说就坐在小凳上给我擦起皮鞋来，另一个则彬彬有礼地发问：“小姐，您是哪国人？喜欢渥太华吗？”“小姐，在你们国家有没有小孩儿患小儿麻痹？谁给他们医疗费？”一连串的问题，使我这个有生以来头一次在众目睽睽之下让别人擦鞋的异乡人，从近乎狼狈的窘态中解脱出来。我们像朋友一样聊起天儿来……

几个月之后，也是在街上。一些十字路口处或车站坐着几位老人。他们满头银发，身穿各种老式军装，上面布满了大大小小形形色色的徽章、奖章，每人手捧一大束鲜花，有水仙、石竹、玫瑰及叫不出名字的，一色雪白。匆匆过往的行人纷纷止步，把钱投进这些老人身旁的白色木箱内，然后向他们微微鞠躬，从他们手中接过一朵花。我看了一会儿，有人投一两元，有人投几百元，还有人掏出支票填好后投进木箱。那些老军人毫不注意人们捐多少钱，一直不//停地向人们低声道谢。

——节选自青白《捐诚》

1. 词语难点提示

募捐 mùjuān	男孩子 nánháizi	小姐 xiǎo · jiě	哪国人 nǎguórén
渥太华 Wòtàihuá	小孩儿 xiǎoháir	小儿麻痹 xiǎo'érmábì	
医疗费 yīliáofèi	一连串 yìliánchuàn	众目睽睽 zhòngmù-kuíkuí	
狼狈 lángbèi	窘态 jiǒngtài	朋友 péngyou	玫瑰 méi · guī
鞠躬 jūgōng	一直 yìzhí		

2. 句子难点提示

“一连串的问题，使我这个有生以来头一次在众目睽睽之下让别人擦鞋的异乡人，从近乎狼狈的窘态中解脱出来。”此句的中间成分比较长，读时注意断句，应该停顿在“头一次”前面和“众目睽睽”的后面，但整个句子仅仅是个单句，所以还要注意连贯性。

3. 整体朗读提示

本篇叙述了作者在加拿大遇到过两次募捐，行文质朴，但感人至深。朗读时要把这种感人至深，令人难以忘怀的情感，融入你娓娓道来的讲述之中。

作品 22 号

没有一片绿叶，没有一缕炊烟，没有一粒泥土，没有一丝花香，只有水的世界，云的海洋。

一阵台风袭过，一只孤单的小鸟无家可归，落到被卷到洋里的木板上，乘流而下，姗姗而来，近了，近了！……

忽然，小鸟张开翅膀，在人们头顶盘旋了几圈，“噗啦”一声落到了船上。许是累了？还是发现了“新大陆”？水手撵它它不走，抓它，它乖乖地落在掌心。可爱的小鸟和善良的水手结成了朋友。

瞧，它多美丽，娇巧的小嘴，啄理着绿色的羽毛，鸭子样的扁脚，呈现出春草的鹅黄。水手们把它带到舱里，给它“搭铺”，让它在船上安家落户，每天，把分到的一塑料筒淡水匀给它喝，把从祖国带来的鲜美的鱼肉分给它吃，天长日久，小鸟和水手的感情日趋笃厚。清晨，当第一束阳光射进舷窗时，它便敞开美丽的歌喉，唱啊唱，嘤嘤有韵，宛如春水淙淙。人类给它以生命，它毫不悭吝地把自己的艺术青春奉献给了哺育它的人。可能都是这样？艺术家们的青春只会献给尊敬他们的人。

小鸟给远航生活蒙上了一层浪漫色调，返航时，人们爱不释手，恋恋不舍地想把它带到异乡。可小鸟憔悴了，给水，不喝！喂肉，不吃！油亮的羽毛失去了光泽。是啊，我//们有自己的祖国，……

——节选自王文杰《可爱的小鸟》

1. 词语难点提示

一片 yípiàn	一缕 yìlǚ	一粒 yílì	一丝 yìsī
一阵 yízhèn	袭过 xíguò	一只 yìzhī	姗姗 shānshān
盘旋 pánxuán	几圈儿 jǐquānr	结成 jiéchéng	舱 cāng
塑料 sùliào	笃厚 dǔhòu	舷窗 xiánchuāng	淙淙 cóngcóng
悭吝 qiānlìn	哺育 bǔyù	憔悴 qiáocuì	是啊 shìra

2. 句子难点提示

“人类给它以生命，它毫不悭吝地把自己的艺术青春奉献给了哺育它的人。”此句的后一分句停顿宜在“把”之前和“奉献”之前。

3. 整体朗读提示

这是一篇描绘人与小鸟和谐共存而且感情日趋笃厚的抒情散文，朗读时要以声传情，以情感人，不宜音高嗓大，而应声柔语细，通过朗读技巧的细腻表达，展现出大海之上人与小鸟和谐共存的美好境界，使听者受到纯真精神的启迪和感染。

作品 23 号

纽约的冬天常有大风雪，扑面的雪花不但令人难以睁开眼睛，甚至呼吸都会吸入冰冷的雪花。有时前一天晚上还是一片晴朗，第二天拉开窗帘，却已经积雪盈尺，连门都推不开了。

遇到这样的情况，公司、商店常会停止上班，学校也通过广播，宣布停课。但令人不解的是，唯有公立小学，仍然开放。只见黄色的校车，艰难地在路边接孩子，老师则一大早就口中喷着热气，铲去车子前后的积雪，小心翼翼地开车去学校。

据统计，十年来纽约的公立小学只因为超级暴风雪停过七次课。这是多么令人惊讶的事。犯得着在大人都无须上班的时候让孩子去学校吗？小学的老师也太倒霉了吧？

于是，每逢大雪而小学不停课时，都有家长打电话去骂。妙的是，每个打电话的人，反应全一样——先是怒气冲冲地责问，然后满口道歉，最后笑容满面地挂上电话。原因是，学校告诉家长：

在纽约有许多百万富翁，但也有不少贫困的家庭。后者白天开不起暖气，供不起午餐，孩子的营养全靠学校里免费的中饭，甚至可以多拿些回家当晚餐。学校停课一天，穷孩子就受一天冻，挨一天饿，所以老师们宁愿自己苦一点儿，也不能停//课。

——节选自刘墉《课不能停》

1. 词语难点提示

风雪 fēngxuě	眼睛 yǎnjing	冰冷的 bīnglěngde	前一天 qiányìtiān
一片 yípiàn	积雪 jīxuě	盈尺 yíngchǐ	唯有 wéiyǒu
一大早 yídàzǎo	小心翼翼 xiǎoxīn-yìyì	因为 yīn · wèi	停过 tíngguo
犯得着 fàndezháo	妙的是 miàodeshì	反应 fǎnyìng	一样 yíyàng
满口 mǎnkǒu	告诉 gàosu	富翁 fùwēng	供不起 gōng · bùqǐ
可以 kěyǐ	挨一天 áiyìtiān	宁愿 nìngyuàn	一点儿 yìdiǎnr

2. 句子难点提示

“犯得着在大人都无须上班的时候让孩子去学校吗?”此句读时语气稍作夸张，停顿在“犯得着”的后面和“时候”的后面，重音应该落在“孩子”上，句子末尾用升调。

3. 整体朗读提示

这篇文章通过“课不能停”这件事情，表达了主题：施舍的最高原则是保持受施者的尊严。朗读时要体会学校的良苦用心，节奏应是不紧不慢的，语调应是凝重深沉的。

作品 24 号

十年，在历史上不过是一瞬间。只要稍加注意，人们就会发现：在这一瞬间里，各种事物都悄悄经历了自己的千变万化。

这次重新访日，我处处感到亲切和熟悉，也在许多方面发觉了日本的变化。就拿奈良的一个角落来说吧，我重游了为之感受很深的唐招提寺，在寺内各处匆匆走了一遍，庭院依旧，但意想不到还看到了一些新的东西。其中之一，就是近几年从中国移植来的“友谊之莲”。

在存放鉴真遗像的那个院子里，几株中国莲昂然挺立，翠绿的宽大荷叶正迎风而舞，显得十分愉快。开花的季节已过，荷花朵朵已变为莲蓬累累。莲子的颜色正在由青转紫，看来已经成熟了。

我禁不住想：“因”已转化为“果”。

中国的莲花开在日本，日本的樱花开在中国，这不是偶然。我希望这样一种盛况延续不衰。可能有人不欣赏花，但绝不会有人欣赏落在自己面前的炮弹。

在这些日子里，我看到了不少多年不见的老朋友，又结识了一些新朋友。大家喜欢涉及的话题之一，就是古长安和古奈良。那还用得着问吗，朋友们缅怀过去，正是瞩望未来。瞩目于未来的人们必将获得未来。

我不例外，也希望一个美好的未来。

为//了中日人民之间的友谊，我将不浪费今后生命的每一瞬间。

——节选自严文井《莲花和樱花》

1. 词语难点提示

不过 búguò	一瞬间 yíshùnjiān	千变万化 qiānbiàn-wànhuà	熟悉 shú · xī
一个 yígè	角落 jiǎoluò	招提寺 Zhāotísì	一遍 yíbiàn
意想不到 yìxiǎngbúdào		一些 yìxiē	东西 dōngxi

友谊 yǒuyì　鉴真 Jiànzhēn　昂然挺立 ángrántǐnglì　迎风 yíngfēng
朵朵 duǒduǒ　累累 léiléi　莲子 liánzǐ　禁不住 jīn・búzhù
不是 búshì　一种 yìzhǒng　盛况 shèngkuàng
延续不衰 yánxùbùshuāi　绝不会 juébuhuì　不少 bùshǎo
朋友 péngyou　用得着 yòngdezháo　缅怀 miǎnhuái　瞩望 zhǔwàng
不例外 búlìwài

2. 句子难点提示

“可能有人不欣赏花，但决不会有人欣赏落在自己面前的炮弹。”此句的后一分句停顿宜在“欣赏”的前面，朗读整句时语气坚实。

3. 整体朗读提示

本文是一篇表达中日人民友好的文章，语言通俗易懂，没有抽象的高谈阔论，所以朗读时声音要松弛，语气要自然亲切。

作品 25 号

梅雨潭闪闪的绿色招引着我们，我们开始追捉她那离合的神光了。揪着草，攀着乱石，小心探身下去，又鞠躬过了一个石穹门，便到了汪汪一碧的潭边了。

瀑布在襟袖之间，但是我的心中已没有瀑布了。我的心随潭水的绿而摇荡。那醉人的绿呀！仿佛一张极大极大的荷叶铺着，满是奇异的绿呀。我想张开两臂抱住她，但这是怎样一个妄想啊。

站在水边，望到那面，居然觉着有些远呢！这平铺着、厚积着的绿，着实可爱。她松松地皱缬着，像少妇拖着的裙幅；她滑滑的明亮着，像涂了“明油”一般，有鸡蛋清那样软，那样嫩；她又不杂些尘滓，宛然一块温润的碧玉，只清清的一色——但你却看不透她！

我曾见过北京什刹海拂地的绿杨，脱不了鹅黄的底子，似乎太淡了。我又曾见过杭州虎跑寺近旁高峻而深密的“绿壁”，丛叠着无穷的碧草与绿叶的，那又似乎太浓了。其余呢，西湖的波太明了，秦淮河的又太暗了。可爱的，我将什么来比拟你呢？我怎么比拟得出呢？大约潭是很深的，故能蕴蓄着这样奇异的绿；仿佛蔚蓝的天融了一块在里面似的，这才这般的鲜润啊。

那醉人的绿呀！我若能裁你以为带，我将赠给那轻盈的//舞女；……

——节选自朱自清《绿》

1. 词语难点提示

梅雨潭 Méiyǔtán　闪闪 shǎnshǎn　揪着 jiūzhe　鞠躬 jūgōng
一个 yígè　石穹门 shíqióngmén　一碧 yíbì　襟袖 jīnxiù
一张 yìzhāng　妄想 wàngxiǎng　厚积 hòujī　着实 zhuóshí
皱缬 zhòuxié　裙幅 qúnfú　一般 yìbān　嫩 nèn
些(儿)xiēr　尘滓 chénzǐ　宛然 wǎnrán　一块 yíkuài
一色 yísè　看不透 kàn・bútòu　见过 jiànguo　什刹海 Shíchàhǎi

拂地 fúdì	脱不了 tuō · bùliǎo	虎跑寺 Hǔpáosì	高峻 gāojùn
与 yǔ	似乎 sìhū	比拟 bǐnǐ	蕴蓄 yùnxù
蔚蓝 wèilán	轻盈 qīngyíng		

2. 句子难点提示

“我又曾见过杭州虎跑寺近旁高峻而深密的‘绿壁’，丛叠着无穷的碧草与绿叶的，那又似乎太浓了。”此句的第一个分句停顿宜在“杭州”之前，结合前后几句，把比较而得到的不同通过语调表现出来。

3. 整体朗读提示

本文描绘了梅雨潭“奇异”“醉人”的绿，字里行间洋溢着一种浓郁的诗味——诗的情感、诗的意境、诗的语言，所以朗读时语调要舒展柔和，饱含着诗情画意。

作品 26 号

我们家的后园有半亩空地，母亲说：“让它荒着怪可惜的，你们那么爱吃花生，就开辟出来种花生吧。”我们姐弟几个都很高兴，买种，翻地，播种，浇水，没过几个月，居然收获了。

母亲说：“今晚我们过一个收获节，请你们父亲也来尝尝我们的新花生，好不好?”我们都说好。母亲把花生做成了好几样食品，还吩咐就在后园的茅亭里过这个节。

晚上天色不太好，可是父亲也来了，实在很难得。

父亲说：“你们爱吃花生么?”

我们争着答应：“爱!”

“谁能把花生的好处说出来?”

姐姐说：“花生的味美。”

哥哥说：“花生可以榨油。”

我说：“花生的价钱便宜，谁都可以买来吃，都喜欢吃。这就是它的好处。”

父亲说：“花生的好处很多，有一样最可贵：它的果实埋在地里，不像桃子、石榴、苹果那样，把鲜红嫩绿的果实高高地挂在枝头上，使人一见就生爱慕之心。你们看它矮矮地长在地上，等到成熟了，也不能立刻分辨出来它有没有果实，必须挖出来才知道。”

我们都说是，母亲也点点头。

父亲接下去说：“所以你们要像花生，它虽然不好看，可是很有用，不是外表好看而没有实用的东西。”

我说：“那么，人要做有用的人，不要做只讲体面，而对别人没有好处的人了。”//

——节选自许地山《落花生》

1. 词语难点提示

空地 kòngdì	那么 nàme	买种 mǎizhǒng	播种 bōzhǒng
尝尝 chángchang	吩咐 fēn · fù	晚上 wǎnshang	好处 hǎochù
姐姐 jiějie	哥哥 gēge	价钱 jiàqian	便宜 piányi

地里 dìli　　桃子 táozi　　石榴 shíliu　　东西 dōngxi

别人 biérén

2. 句子难点提示

“晚上天色不太好，可是父亲也来了，实在很难得。”此句重音应放在“可是”上，读出意外和惊喜的味道。

“它的果实埋在地里，不像桃子、石榴、苹果那样，把鲜红嫩绿的果实高高地挂在枝头上，使人一见就生爱慕之心。”此句停顿应在“不像”后，“高高地”要重读，

“等到成熟了，也不能立刻分辨出来它有没有果实，必须挖出来才知道。”此句重音应在“挖出来”。

3. 整体朗读提示

朗读时注意重音的位置及其表现，还要注意分句的连贯性及语调的升降，并读出蕴涵的哲理来。

作品 27 号

我打猎归来，沿着花园的林荫路走着。狗跑在我前边。

突然，狗放慢脚步，蹑足潜行，好像嗅到了前边有什么野物。

我顺着林荫路望去，看见了一只嘴边还带黄色、头上生着柔毛的小麻雀。风猛烈地吹打着林荫路上的白桦树，麻雀从巢里跌落下来，呆呆地伏在地上，孤立无援地张开两只羽毛还未丰满的小翅膀。

我的狗慢慢向它靠近。忽然，从附近一棵树上飞下一只黑胸脯的老麻雀，像一颗石子似的落到狗的跟前。老麻雀全身倒竖着羽毛，惊恐万状，发出绝望、凄惨的叫声，接着向露出牙齿、大张着的狗嘴扑去。

老麻雀是猛扑下来救护幼雀的。它用身体掩护着自己的幼儿……但它整个小小的身体因恐怖而战栗着，它小小的声音也变得粗暴嘶哑，它在牺牲自己！

在它看来，狗该是多么庞大的怪物啊！然而，它还是不能站在自己高高的、安全的树枝上……一种比它的理智更强烈的力量，使它从那儿扑下身来。

我的狗站住了，向后退了退……看来，它也感到了这种力量。

我赶紧唤住惊慌失措的狗，然后我怀着崇敬的心情，走开了。

是啊，请不要见笑。我崇敬那只小小的、英勇的鸟儿，我崇敬它那种爱的冲动和力量。

爱，我想，比//死和死的恐惧更强大。

——节选自[俄]屠格涅夫《麻雀》，巴金译

1. 词语难点提示

林荫 línyīn　　蹑足潜行 nièzú-qiánxíng　　嗅到 xiùdào　　一只 yìzhī

柔毛 róumáo　　白桦树 báihuàshù　　孤立无援 gūlìwúyuán　　丰满 fēngmǎn

一棵 yìkē　　胸脯 xiōngpú　　一颗 yìkē　　似的 shìde

惊恐万状 jīngkǒng-wànzhuàng　　露出 lòuchū　　狗嘴 gǒuzuǐ

小小 xiǎoxiǎo	战栗 zhànlì	嘶哑 sīyǎ	牺牲 xīshēng
怪物 guàiwu	一种 yìzhǒng	那儿 nàr	退了退 tuìletuì
赶紧 gǎnjǐn	惊慌失措 jīnghuāng-shīcuò	崇敬 chóngjìng	不要 búyào
鸟儿 niǎor			

2. 句子难点提示

“风猛烈地吹打着林荫路上的白桦树，麻雀从巢里跌落下来，呆呆地伏在地上，孤立无援地张开两只羽毛还未丰满的小翅膀。”此句的最后一个分句的停顿应在“张开”和“两只”之间，在“两只”和“羽毛”稍作停顿，以免语意不清。

3. 整体朗读提示

这篇文章通过老麻雀拯救小麻雀的事，歌颂了一种伟大的力量——母爱，事情的经过写得细致入微，生动形象。朗读时要使用略显夸张的语气表现这场搏斗，从而渲染出伟大的母爱。最后两个自然段是作者的感受，要用崇敬、沉着的语气读出来。

作品 28 号

那年我六岁。离我家仅一箭之遥的小山坡旁，有一个早已被废弃的采石场，双亲从来不准我去那儿，其实那儿风景十分迷人。

一个夏季的下午，我随着一群小伙伴偷偷上那儿去了。就在我们穿越了一条孤寂的小路后，他们却把我一个人留在原地，然后奔向“更危险的地带”了。

等他们走后，我惊慌失措地发现，再也找不到要回家的那条孤寂的小道了。像只无头的苍蝇，我到处乱钻，衣裤上挂满了芒刺。太阳已经落山，而此时此刻，家里一定开始吃晚餐了，双亲正盼着我回家……想着想着，我不由得背靠着一棵树，伤心地呜呜大哭起来……

突然，不远处传来了声声柳笛。我像找到了救星，急忙循声走去。一条小道边的树桩上坐着一位吹笛人，手里还正削着什么。走近细看，他不就是被大家称为“乡巴佬儿”的卡廷吗？

“你好，小家伙，”卡廷说，“看天气多美，你是出来散步的吧？”

我怯生生地点点头，答道：“我要回家了。”

“请耐心等上几分钟，”卡廷说，“瞧，我正在削一支柳笛，差不多就要做好了，完工后就送给你吧！”

卡廷边削边不时把尚未成形的柳笛放在嘴里试吹一下。没过多久，一支柳笛便递到我手中。我俩在一阵阵清脆悦耳的笛音//中，踏上了归途……

——节选自《迷途笛音》，唐若水译

1. 词语难点提示

一箭之遥 yíjiànzhīyáo	一个 yígè	早已 zǎoyǐ	那儿 nàr
一群 yìqún	我们 wǒmen	他们 tāmen	找不到 zhǎo·búdào
孤寂 gūjì	苍蝇 cāngying	已经 yǐjīng	一定 yídìng
想着 xiǎngzhe	不由得 bùyóude	一棵 yìkē	传来了 chuán·láile

循声 xúnshēng	一条 yìtiáo	一位 yíwèi	削着 xiāozhe
什么 shénme	不就是 bújiùshì	乡巴佬儿 xiāngbalǎor	卡廷 kǎtíng

2. 句子难点提示

“卡廷边削边不时把尚未成形的柳笛放在嘴里试吹一下。”此句的停顿应在“把”的前面和“放在”的前面，句子末尾用降调。

3. 整体朗读提示

迷失了回家的方向，对于一个只有六岁的孩子来说，确实是件伤心的事。然而，“声声柳笛”把孩子从“惊慌失措”中唤醒，使他重新树立起了战胜困难的勇气和信心。朗读本篇，要着重突出卡廷先生引导孩子走出“困境”的心理和方法，表现出他纯朴、善良的性格以及“我”由衷的感激之情。朗读这篇文章时可分为两部分，前三个自然段为一部分，描写了迷路的小孩惊慌失措，朗读时要紧凑，基调要略带惊慌之情，后面为一部分，描写了听到笛音的孩子好像找到了救星，朗读基调是欢快的。

作品 29 号

在浩瀚无垠的沙漠里，有一片美丽的绿洲，绿洲里藏着一颗闪光的珍珠。这颗珍珠就是敦煌莫高窟。它坐落在我国甘肃省敦煌市三危山和鸣沙山的怀抱中。

鸣沙山东麓是平均高度为十七米的崖壁。在一千六百多米长的崖壁上，凿有大小洞窟七百余个，形成了规模宏伟的石窟群。其中四百九十二个洞窟中，共有彩色塑像两千一百余尊，各种壁画共四万五千多平方米。莫高窟是我国古代无数艺术匠师留给人类的珍贵文化遗产。

莫高窟的彩塑，每一尊都是一件精美的艺术品。最大的有九层楼那么高，最小的还不如一个手掌大。这些彩塑个性鲜明，神态各异。有慈眉善目的菩萨，有威风凛凛的天王，还有强壮勇猛的力士……

莫高窟壁画的内容丰富多彩，有的是描绘古代劳动人民打猎、捕鱼、耕田、收割的情景，有的是描绘人们奏乐、舞蹈、演杂技的场面，还有的是描绘大自然的美丽风光。其中最引人注目的是飞天。壁画上的飞天，有的臂挎花篮，采摘鲜花；有的反弹琵琶，轻拨银弦；有的倒悬身子，自天而降；有的彩带飘拂，漫天遨游；有的舒展着双臂，翩翩起舞。看着这些精美动人的壁画，就像走进了//灿烂辉煌的艺术殿堂。

——节选自小学《语文》第六册中《莫高窟》

1. 词语难点提示

浩瀚 hàohàn	无垠 wúyín	一片 yípiàn	一颗 yìkē
珍珠 zhēnzhū	敦煌 Dūnhuáng	莫高窟 Mògāokū	东麓 dōnglù
凿 záo	塑像 sùxiàng	慈眉善目 címéi-shànmù	菩萨 pú · sà
威风凛凛 wēifēnglǐnlǐn	舞蹈 wǔdǎo	琵琶 pípa	银弦 yínxián
身子 shēnzi	漫天 màntiān	翩翩起舞 piānpiān-qǐwǔ	遨游 áoyóu

2. 句子难点提示

“莫高窟是我国古代无数艺术匠师留给人类的珍贵文化遗产。”此句的停顿应在“是”的前面，“留给”的前面，“珍贵”的前面，这样的停顿能够突出语意重心。

3. 整体朗读提示

本文是一篇介绍我国文化遗产莫高窟的文章，作品中除了客观的介绍，还融入了赞美惊叹之情，所以在朗读时应该略带惊奇的语气、赞叹欣赏的口吻。

作品30号

森林涵养水源，保持水土，防止水旱灾害的作用非常大。据专家测算，一片十万亩面积的森林，相当于一个两百万立方米的水库，这正如农谚所说的：“山上多栽树，等于修水库。雨多它能吞，雨少它能吐。”

说起森林的功劳，那还多得很。它除了为人类提供木材及许多种生产、生活的原料之外，在维护生态环境方面也是功劳卓著，它用另一种“能吞能吐”的特殊功能孕育了人类。因为地球在形成之初，大气中的二氧化碳含量很高，氧气很少，气温也高，生物是难以生存的。大约在四亿年之前，陆地才产生了森林。森林慢慢将大气中的二氧化碳吸收，同时吐出新鲜氧气，调节气温：这才具备了人类生存的条件，地球上才最终有了人类。

森林，是地球生态系统的主体，是大自然的总调度室，是地球的绿色之肺。森林维护地球生态环境的这种“能吞能吐”的特殊功能是其他任何物体都不能取代的。然而，由于地球上的燃烧物增多，二氧化碳的排放量急剧增加，使得地球生态环境急剧恶化，主要表现为全球气候变暖，水分蒸发加快，改变了气流的循环，使气候变化加剧，从而引发热浪、飓风、暴雨、洪涝及干旱。

为了//使地球的这个“能吞能吐”的绿色之肺恢复健壮，……

——节选自《中考语文课外阅读试题精选》中《“能吞能吐”的森林》

1. 词语难点提示

涵养 hányǎng	一片 yípiàn	面积 miànjī	一个 yígè
农谚 nóngyàn	等于 děngyú	多得很 duódehěn	提供 tígōng
功劳卓著 gōng·láozhuózhù		另一种 lìngyizhǒng	孕育 yùnyù
因为 yīn·wèi	很少 hěnshǎo	新鲜 xīn·xiān	主体 zhǔtǐ
调度室 diàodùshì	蒸发 zhēngfā	飓风 jùfēng	洪涝 hónglào

2. 句子难点提示

“森林维护地球生态环境的这种‘能吞能吐’的特殊功能是其他任何物体不能取代的。”此句较长，停顿宜在“这种”的前面和“是”的前面。

3. 整体朗读提示

此文为说明文，朗读时要使用质朴连贯的语气，不紧不慢的语速，力求声音清晰明白，不宜有任何夸张的情感。

作品31号

朋友即将远行。

暮春时节，又邀了几位朋友在家小聚，虽然都是极熟的朋友，却是终年难得一见，偶尔电话里相遇，也无非是几句寻常话。一锅小米稀饭，一碟大头菜，一盘自家酿制的泡菜，一只巷口买回的烤鸭，简简单单，不像请客，倒像家人团聚。

其实，友情也好，爱情也好，久而久之都会转化为亲情。

说也奇怪，和新朋友会谈文学、谈哲学、谈人生道理等等，和老朋友却只话家常，柴米油盐，细细碎碎，种种琐事。很多时候，心灵的契合已经不需要太多的言语来表达。

朋友新烫了个头，不敢回家见母亲，恐怕惊骇了老人家，却欢天喜地来见我们，老朋友颇能以一种趣味性的眼光欣赏这个改变。

年少的时候，我们差不多都在为别人而活，为苦口婆心的父母活，为循循善诱的师长活，为许多观念、许多传统的约束力而活。年岁逐增，渐渐挣脱外在的限制与束缚，开始懂得为自己活，照自己的方式做一些自己喜欢的事，不在乎别人的批评意见，不在乎别人的诋毁流言，只在乎那一份随心所欲的舒坦自然。偶尔，也能够纵容自己放浪一下，并且有一种恶作剧的窃喜。

就让生命顺其自然，水到渠成吧，犹如窗前的//乌桕，……

——节选自杏林子《朋友和其他》

1. 词语难点提示

即将 jíjiāng	暮春 mùchūn	极熟的 jíshúde	朋友 péngyou
一见 yíjiàn	偶尔 ǒu'ěr	一锅 yìguō	小米 xiǎomǐ
一碟 yìdié	一盘 yìpán	一只 yìzhī	倒像 dàoxiàng
琐事 suǒshì	契合 qìhé	已经 yǐ·jīng	不敢 bùgǎn
惊骇 jīnghài	约束 yuēshù	挣脱 zhèngtuō	束缚 shùfù
诋毁 dǐhuǐ	舒坦 shūtan	纵容 zòngróng	恶作剧 èzuòjù

2. 句子难点提示

"朋友新烫了个头，不敢回家见母亲，恐怕惊骇了老人家，却欢天喜地来见我们，老朋友颇能以一种趣味性的眼光欣赏这个改变。"此句的前几个分句短小，要把作者的感受读出来，最后一个分句稍长，读时停顿宜在"老朋友"的后面，"欣赏"的前面。

3. 整体朗读提示

这是一篇带有作者感情的杂文，既有叙事，又有议论，叙事部分要读得自然朴实，议论部分要读得富有哲理，语调舒缓，声音沉稳。

作品 32 号

我们在田野散步：我，我的母亲，我的妻子和儿子。

母亲本不愿出来的。她老了，身体不好，走远一点儿就觉得很累。我说，正因为如此，才应该多走走。母亲信服地点点头，便去拿外套。她现在很听我的话，就像我小时候很听她的话一样。

这南方初春的田野，大块小块的新绿随意地铺着，有的浓，有的淡，树上的嫩芽也密了，田里的冬水也咕咕地起着水泡。这一切都使人想着一样东西——生命。

我和母亲走在前面，我的妻子和儿子走在后面。小家伙突然叫起来："前面是妈妈和儿子，后面也是妈妈和儿子。"我们都笑了。

后来发生了分歧：母亲要走大路，大路平顺；我的儿子要走小路，小路有意思。不过，一切都取决于我。我的母亲老了，她早已习惯听从她强壮的儿子；我的儿子还小，他还习惯听从他高大的父亲；妻子呢，在外面，她总是听我的。一霎时我感到了责任的重大。我想找一个两全的办法，找不出；我想拆散一家人，分成两路，各得其所，终不愿意。我决定委屈儿子，因为我伴同他的时日还长。我说："走大路。"

但是母亲摸摸孙儿的小脑瓜，变了主意："还是走小路吧。"她的眼随小路望去：那里有金色的菜花，两行整齐的桑树，//尽头一口水波粼粼的鱼塘。

——节选自莫怀戚《散步》

1. 词语难点提示

妻子 qīzi	儿子 érzi	不愿 búyuàn	一点儿 yìdiǎnr
觉得 jué · dé	因为 yīn · wèi	应该 yīnggāi	走走 zǒuzou
点点 diǎndiǎn	小时候 xiǎoshíhou	一样 yíyàng	嫩芽 nènyá
咕咕地 gūgūde	一切 yíqiè	生命 shēngmìng	小家伙 xiǎojiāhuo
妈妈 māma	分歧 fēnqí	有意思 yǒuyìsi	不过 búguò
父亲 fù · qīn	一霎时 yíshàshí	一个 yígè	找不出 zhǎo · bùchū
一家人 yìjiārén	委屈 wěiqū	摸摸 mōmo	孙儿 sūn'ér
小脑瓜(儿)xiǎonáoguār		主意 zhǔyi	

2. 句子难点提示

"这一切都使人想着一样东西——生命。"此句有一破折号，读时语调缓慢，语重心长，在"生命"前有略长的停顿。

3. 整体朗读提示

这篇文章质朴清新，朗读时不必在声音上大加渲染，只需要用娓娓道来的口吻，稳健地读出来。

作品 33 号

地球上是否真的存在"无底洞"？按说地球是圆的，由地壳、地幔和地核三层组成，真正的"无底洞"是不应存在的，我们所看到的各种山洞、裂口、裂缝，甚至火山口也都只是地壳浅部的一种现象。然而中国一些古籍却多次提到海外有个深奥莫测的无底洞。事实上地球上确实有这样一个"无底洞"。

它位于希腊亚各斯古城的海滨。由于濒临大海，大涨潮时，汹涌的海水便会排山倒海般地涌入洞中，形成一股湍湍的急流。据测，每天流入洞内的海水量达三万多吨。奇怪的是，如此大量的海水灌入洞中，却从来没有把洞灌满。曾有人怀疑，这个"无底洞"，会不会就像石灰岩地区的漏斗、竖井、落水洞一类的地形。然而从二十世纪三十年代以来，人们就做了多种努力企图寻找它的出口，却都是枉费心机。

为了揭开这个秘密，一九五八年美国地理学会派出一支考察队，他们把一种经久不变的带色染料溶解在海水中，观察染料是如何随着海水一起沉下去。接着又察看了附近海面以及岛上的各条河、湖，满怀希望地寻找这种带颜色的水，结果令人失望。难道是海水量太大把有色水稀释得太淡，以致无法发现？//

——节选自[美]罗伯特·罗威尔《神秘的"无底洞"》

1. 词语难点提示

地壳 dìqiào	地幔 dìmàn	地核 dìhé	不应 bùyīng
一种 yìzhǒng	一些 yìxiē	深奥莫测 shēn'ào-mòcè	一个 yígè
亚各斯 Yàgèsī	濒临 bīnlín	排山倒海 páishān-dǎohǎi	一股 yìgǔ
湍湍的 tuāntuānde	这个 zhège	会不会 huì·búhuì	一类 yílèi
枉费心机 wǎngfèi-xīnjī		一支 yìzhī	一种 yìzhǒng
经久不变 jīngjiǔ-búbiàn		海水 hǎishuǐ	一起 yìqǐ
沉下去 chénxià·qù	稀释 xīshì		

2. 句子难点提示

"然而中国一些古籍却多次提到海外有个深奥莫测的无底洞。"此句的停顿在"古籍"的后面和"提到"的前面，根据句子表达的含义，重音应落在"多次"的上面。

3. 整体朗读提示

本文是说明文，朗读时要带有惊奇、疑惑而又有饶有兴趣的口吻。

作品 34 号

我在俄国见到的景物再没有比托尔斯泰墓更宏伟、更感人的。

完全按照托尔斯泰的愿望，他的坟墓成了世间最美的，给人印象最深刻的坟墓。它只是树林中的一个小小的长方形土丘，上面开满鲜花——没有十字架，没有墓碑，没有墓志铭，连托尔斯泰这个名字也没有。

这位比谁都感到受自己的声名所累的伟人，却像偶尔被发现的流浪汉，不为人知的士兵，不留名姓地被人埋葬了。谁都可以踏进他最后的安息地，围在四周稀疏的木栅栏是不关闭的——保护列夫·托尔斯泰得以安息的没有任何别的东西，唯有人们的敬意；而通常，人们却总是怀着好奇，去破坏伟人墓地的宁静。

这里，逼人的朴素禁锢住任何一种观赏的闲情，并且不容许你大声说话。风儿俯临，在这座无名者之墓的树木之间飒飒响着，和暖的阳光在坟头嬉戏；冬天，白雪温柔地覆盖这片幽暗的土地。无论你在夏天或冬天经过这儿，你都想象不到，这个小小的、隆起的长方体里安放着一位当代最伟大的人物。

然而，恰恰是这座不留姓名的坟墓，比所有挖空心思用大理石和奢华装饰建造的坟墓更扣人心弦。在今天这个特殊的日子//里，到他的安息地来的成百上千人中间，……

——节选自[奥]茨威格《世间最美的坟墓》，张厚仁译

1. 词语难点提示

托尔斯泰 Tuō'ěrsītài	印象 yìnxiàng	一个 yígè	小小的 xiáoxiǎode
墓志铭 mùzhìmíng	这个 zhège	名字 míngzi	谁 shéi
声名 shēngmíng	累 lěi	偶尔 ǒu'ěr	可以 kéyǐ

木栅栏 mùzhàlan	东西 dōngxi	敬意 jìngyì	禁锢住 jìngùzhù
一种 yìzhǒng	不容许 bùróngxǔ	风儿 fēng · ér	俯临 fǔlín
飒飒 sàsà	坟头 féntóu	幽暗 yōu'àn	土地 tǔdì
这儿 zhèr	不到 búdào	一位 yíwèi	所有 suóyǒu
扣人心弦 kòurénxīnxián		日子 rìzi	

2. 句子难点提示

“然而，恰恰是这座不留姓名的坟墓，比所有挖空心思用大理石和奢华装饰建造的坟墓更扣人心弦。”此句中最后一个分句较长，朗读时停顿应在“用”的前面和“更”的前面，“更”为重音所在。

3. 整体朗读提示

这篇文章中作者把坟墓的朴素与坟墓主人的伟大进行强烈的对比，从而衬托出托尔斯泰的伟大的人格魅力，朗读时要将作者的崇敬之情融入其中。

作品 35 号

我国的建筑，从古代的宫殿到近代的一般住房，绝大部分是对称的，左边怎么样，右边怎么样。苏州园林可绝不讲究对称，好像故意避免似的。东边有了一个亭子或者一道回廊，西边决不会来一个同样的亭子或者一道同样的回廊。这是为什么？我想，用图画来比方，对称的建筑是图案画，不是美术画，而园林是美术画，美术画要求自然之趣，是不讲究对称的。

苏州园林里都有假山和池沼。

假山的堆叠，可以说是一项艺术而不仅是技术。或者是重峦叠嶂，或者是几座小山配合着竹子花木，全在乎设计者和匠师们生平多阅历，胸中有丘壑，才能使游览者攀登的时候忘却苏州城市，只觉得身在山间。

至于池沼，大多引用活水。有些园林池沼宽敞，就把池沼作为全园的中心，其他景物配合着布置。水面假如成河道模样，往往安排桥梁。假如安排两座以上的桥梁，那就一座一个样，决不雷同。

池沼或河道的边沿很少砌齐整的石岸，总是高低屈曲任其自然。还在那儿布置几块玲珑的石头，或者种些花草。这也是为了取得从各个角度看都成一幅画的效果。池沼里养着金鱼或各色鲤鱼，夏秋季节荷花或睡莲开∥放，……

——节选自叶圣陶《苏州园林》

1. 词语难点提示

一般 yìbān	部分 bùfen	对称 duìchèn	怎么样 zěnmeyàng
绝不 juébù	似的 shìde	一个 yígè	一道 yídào
决不会 jué · búhuì	为什么 wèishénme	比方 bǐfang	不是 búshì
不讲究 bùjiǎng · jiū	池沼 chízhǎo	一项 yíxiàng	
重峦叠嶂 chóngluán-diézhàng		竹子 zhúzi	在乎 zàihu
丘壑 qiūhè	时候 shíhou	宽敞 kuān · chǎng	布置 bùzhì
往往 wǎngwǎng	一座 yízuò	一个样 yígèyàng	很少 hěnshǎo

屈曲 qūqū　　那儿 nàr　　玲珑 línglóng　　一幅 yìfú

2. 句子难点提示

"这也是为了取得从各个角度看都成一幅画的效果。"此句的停顿在"取得"的后面，"都"的前面。

3. 整体朗读提示

这是一篇写景说明文，表达了作者对苏州园林的眷恋和欣赏之情。朗读时语调要自然、明快，通过自己的声音把听者带入如诗如画的景色中。

作品 36 号

一位访美中国女作家，在纽约遇到一位卖花的老太太。老太太穿着破旧，身体虚弱，但脸上的神情却是那样祥和兴奋。女作家挑了一朵花说："看起来，你很高兴。"老太太面带微笑地说："是的，一切都这么美好，我为什么不高兴呢?""对烦恼，你倒真能看得开。"女作家又说了一句。没料到，老太太的回答更令女作家大吃一惊："耶稣在星期五被钉上十字架时，是全世界最糟糕的一天，可三天后就是复活节。所以，当我遇到不幸时，就会等待三天，这样一切就恢复正常了。"

"等待三天"，多么富于哲理的话语，多么乐观的生活方式。它把烦恼和痛苦抛下，全力去收获快乐。

沈从文在"文革"期间，陷入了非人的境地。可他毫不在意，他在咸宁时给他的表侄、画家黄永玉写信说："这里的荷花真好，你若来……"身陷苦难却仍为荷花的盛开欣喜赞叹不已，这是一种趋于澄明的境界，一种旷达洒脱的胸襟，一种面临磨难坦荡从容的气度，一种对生活童子般的热爱和对美好事物无限向往的生命情感。

由此可见，影响一个人快乐的，有时并不是困境及磨难，而是一个人的心态。如果把自己浸泡在积极、乐观、向上的心态中，快乐必然会//占据你的每一天。

——节选自《态度创造快乐》

1. 词语难点提示

一位 yíwèi　　老太太 lǎotàitai　　穿着 chuānzhuó　　兴奋 xīngfèn
一朵花 yìduǒhuā　　看起来 kànqǐ・lái　　一切 yíqiè　　看得开 kàndekāi
一句 yíjù　　大吃一惊 dàchī-yìjīng　　一天 yìtiān　　所以 suǒyǐ
多么 duōme　　咸宁 xiánníng　　澄明 chéngmíng　　旷达 kuàngdá
胸襟 xiōngjīn　　美好 měihǎo　　影响 yǐngxiǎng　　并不是 bìng・búshì
一个人 yígèrén　　浸泡 jìnpào

2. 句子难点提示

"身陷苦难却仍为荷花的盛开欣喜赞叹不已，这是一种趋于澄明的境界，一种旷达洒脱的胸襟，一种面临磨难坦荡从容的气度，一种对生活童子般的热爱和对美好事物无限向往的生命情感。"此句中重复使用一种句式，朗读时注意不要过于呆板。

3. 整体朗读提示

本文主要写了作者从老太太的言语中领悟出的人生哲理：态度创造快乐。朗读时要娓娓道来，语调要深沉、平稳。

作品 37 号

泰山极顶看日出，历来被描绘成十分壮观的奇景。有人说：登泰山而看不到日出，就像一出大戏没有戏眼，味儿终究有点寡淡。

我去爬山那天，正赶上个难得的好天，万里长空，云彩丝儿都不见。素常，烟雾腾腾的山头，显得眉目分明。同伴们都欣喜地说："明天早晨准可以看见日出了。"我也是抱着这种想头，爬上山去。

一路从山脚往上爬，细看山景，我觉得挂在眼前的不是五岳独尊的泰山，却像一幅规模惊人的青绿山水画，从下面倒展开来。在画卷中最先露出的是山根底那座明朝建筑岱宗坊，慢慢地便现出王母池、斗母宫、经石峪。山是一层比一层深，一叠比一叠奇，层层叠叠，不知还会有多深多奇。万山丛中，时而点染着极其工细的人物。王母池旁的吕祖殿里有不少尊明塑，塑着吕洞宾等一些人，姿态神情是那样有生气，你看了，不禁会脱口赞叹说："活啦。"

画卷继续展开，绿荫森森的柏洞露面不太久，便来到对松山。两面奇峰对峙着，满山峰都是奇形怪状的老松，年纪怕都上千岁了，颜色竟那么浓，浓得好像要流下来似的。来到这儿你不妨权当一次画里的写意人物，坐在路旁的对松亭里，看看山色，听听流//水和松涛。

——节选自杨朔《泰山极顶》

1. 词语难点提示

看不到 kàn · búdào	一出 yìchū	味儿 wèir	有点(儿)yǒudiǎnr
寡淡 guǎdàn	云彩丝儿 yúncaisīr	不见 bújiàn	同伴们 tóngbànmen
想头 xiǎngtou	一路 yílù	不是 búshì	一幅 yìfú
露出 lòuchū	岱宗坊 Dàizōngfāng	经石峪 jīngshíyù	一层 yìcéng
一叠 yìdié	点染 diǎnrǎn	一些人 yìxiērén	姿态 zītài
不禁 bùjīn	露面 lòumiàn	不太久 bútàijiǔ	对峙着 duìzhìzhe
流下来 liúxià · lái	似的 shìde	这儿 zhèr	一次 yícì

2. 句子难点提示

"在画卷中最先露出的是山根底那座明朝建筑岱宗坊，慢慢地便现出王母池、斗母宫、经石峪。"此句中第一个分句的停顿应在"是"的前面，并读好带顿号的词语之间的停顿。

3. 整体朗读提示

这是一篇写景文章，描写了泰山的自然景观和人文景观的美丽。朗读时语气朴实流畅，感情要饱满、真挚。

作品 38 号

育才小学校长陶行知在校园看到学生王友用泥块砸自己班上的同学，陶行知当即喝止了他，并令他放学后到校长室去。无疑，陶行知是要好好教育这个“顽皮”的学生。那么他是如何教育的呢？

放学后，陶行知来到校长室，王友已经等在门口准备挨训了。可一见面，陶行知却掏出一块糖果送给王友，并说：“这是奖给你的，因为你按时来到这里，而我却迟到了。”王友惊疑地接过糖果。

随后，陶行知又掏出一块糖果放到他手里，说：“这第二块糖果也是奖给你的，因为当我不让你再打人时，你立即就住手了，这说明你很尊重我，我应该奖你。”王友更惊疑了，他眼睛睁得大大的。

陶行知又掏出第三块糖果塞到王友手里，说：“我调查过了，你用泥块砸那些男生，是因为他们不守游戏规则，欺负女生；你砸他们，说明你很正直善良，且有批评不良行为的勇气，应该奖励你啊！”王友感动极了，他流着眼泪后悔地喊道：“陶……陶校长你打我两下吧！我砸的不是坏人，而是自己的同学啊……”

陶行知满意地笑了，他随即掏出第四块糖果递给王友，说：“为你正确地认识错误，我再奖给你一块糖果，只可惜我只有这一块糖果了。我的糖果//没有了，……

——节选自《教师博览·百期精华》中《陶行知的“四块糖果”》

1. 词语难点提示

学生 xuésheng	喝止 hèzhǐ	好好 hǎohǎo	那么 nàme
挨训 áixùn	一见面 yíjiànmiàn	一块 yíkuài	因为 yīn·wèi
接过 jiēguo	不让 búràng	应该 yīnggāi	眼睛 yǎnjing
大大的 dàdàde	欺负 qīfu	打我 dǎwǒ	坏人 huàirén
认识 rènshi	只可惜 zhíkěxī		

2. 句子难点提示

“育才小学校长陶行知在校园看到学生王友用泥块砸自己班上的同学，……。”此句比较长停顿应在“陶行知”的后面和“用泥块”的前面。

3. 整体朗读提示

本文记叙了陶行知利用四块糖果教育学生的故事，朗读时注意陶行知的言语，没有任何说教，语气要亲切、友好、平等。

作品 39 号

享受幸福是需要学习的，当它即将来临的时刻需要提醒。人可以自然而然地学会感官的享乐，却无法天生地掌握幸福的韵律。灵魂的快意同器官的舒适像一对孪生兄弟，时而相傍相依，时而南辕北辙。

幸福是一种心灵的震颤。它像会倾听音乐的耳朵一样，需要不断地训练。

简而言之，幸福就是没有痛苦的时刻。它出现的频率并不像我们想象的那样少。人们常常只是在幸福的金马车已经驶过去很远时，才捡起地上的金鬃毛说，原来我见过它。

人们喜爱回味幸福的标本，却忽略它披着露水散发清香的时刻。那时候我们往往步履匆匆，瞻前顾后不知在忙着什么。

世上有预报台风的，有预报蝗灾的，有预报瘟疫的，有预报地震的。没有人预报幸福。

其实幸福和世界万物一样，有它的征兆。

幸福常常是朦胧的，很有节制地向我们喷洒甘霖。你不要总希望轰轰烈烈的幸福，它多半只是悄悄地扑面而来。你也不要企图把水龙头拧得更大，那样它会很快地流失。你需要静静地以平和之心，体验它的真谛。

幸福绝大多数是朴素的。它不会像信号弹似的，在很高的天际闪烁红色的光芒。它披着本色的外衣，亲//切温暖地包裹起我们。

——节选自毕淑敏《提醒幸福》

1. 词语难点提示

提醒 tíxǐng	自然而然 zìrán'érrán	一对 yíduì	孪生 luánshēng
兄弟 xiōngdì	想傍相依 xiāngbàng-xiāngyī		南辕北辙 nányuán-běizhé
一种 yìzhǒng	震颤 zhènchàn	耳朵 ěrduo	一样 yíyàng
不断地 búduànde		频率 pínlǜ	并不像 bìng·búxiàng
想象 xiǎngxiàng	很远 hényuǎn	鬃毛 zōngmáo	见过 jiànguo
露水 lù·shuǐ	那时候 nàshíhou	步履 bùlǚ	瞻前顾后 zhānqián-gùhòu
瘟疫 wēnyì	征兆 zhēngzhào	朦胧 ménglóng	甘霖 gānlín
不要 búyào	拧得 nǐngde	不会 búhuì	似的 shìde

2. 句子难点提示

“人们常常只是在幸福的金马车已经驶过去很远时，才捡起地上的金鬃毛说，原来我见过它。”此句的第一分句的停顿应在“常常”的后面，读到后面一个分句时要略带醒悟的语气。

3. 整体朗读提示

本文用清新而又富有哲理的语言向我们娓娓道来幸福的含义。朗读时语调自然，语速稍缓，语气中带有几分的感慨和醒悟。

作品 40 号

在里约热内卢的一个贫民窟里，有一个男孩子，他非常喜欢足球，可是又买不起，于是就踢塑料盒，踢汽水瓶，踢从垃圾箱里拣来的椰子壳。他在胡同里踢，在能找到的任何一片空地上踢。

有一天，当他在一处干涸的水塘里猛踢一个猪膀胱时，被一位足球教练看见了。他发现这个男孩儿踢得很像是那么回事，就主动提出要送给他一个足球。小男孩儿得到足球后踢得更卖劲了。不久，他就能准确地把球踢进远处随意摆放的一个水桶里。

圣诞节到了，孩子的妈妈说：“我们没有钱买圣诞礼物送给我们的恩人，就让我们为他祈祷吧。”

小男孩儿跟随妈妈祈祷完毕，向妈妈要了一把铲子便跑了出去。他来到一座别墅前的花园里，开始挖坑。

就在他快要挖好坑的时候，从别墅里走出一个人来，问小孩儿在干什么，孩子抬起满是汗珠的脸蛋儿，说："教练，圣诞节到了，我没有礼物送给您，我愿给您的圣诞树挖一个树坑。"

教练把小男孩儿从树坑里拉上来，说，我今天得到了世界上最好的礼物。明天你就到我的训练场去吧。

三年后，这位十七岁的男孩儿在第六届足球锦标赛上独进二十一球，为巴西第一次捧回了金杯。一个原来不//为世人所知的名字——贝利，随之传遍世界。

——节选自刘燕敏《天才的造就》

1. 词语难点提示

里约热内卢 Lǐyuērènèilú	一个 yígè	贫民窟里 pínmínkū · lǐ
男孩子 nánháizi	喜欢 xǐhuan	买不起 mǎi · bùqǐ
塑料盒(儿)sùliàohér	椰子壳(儿)yēzikér	一片 yípiàn
空地上 kòngdì · shàng	有一天 yǒuyìtiān	一处 yíchù
干涸 gānhé	膀胱 pángguāng	一位 yíwèi
看见了 kàn · jiànle	这个 zhège	那么 nàme
小男孩儿 xiǎonánháir	水桶里 shuǐtǒng · lǐ	我们 wǒmen
祈祷 qídǎo	一把 yìbǎ	铲子 chǎnzi
跑了出去 pǎolechū · qù	一座 yízuò	别墅 biéshù
花园里 huāyuán · lǐ	时候 shíhou	干什么 gànshénme
脸蛋儿 liǎndànr	得到了 dédàole	圣诞树 shèngdànshù
树坑里 shùkēng · lǐ	拉上来 lāshàng · lái	第一次 dì-yīcì

2. 句子难点提示

"我们没有钱买圣诞礼物送给我们的恩人，就让我们为他祈祷吧。"此句的前一个分句的停顿在"礼物"的后面，因为是祈使语气，末尾用降调。

3. 整体朗读提示

本文记叙了贝利小时候对足球执着追求的故事，叙述极为自然、朴实。朗读时要把小贝利的执着和为了报答教练而挖坑的感人至深的情感读出来。

作品 41 号

记得我十三岁时，和母亲住在法国东南部的耐斯城。母亲没有丈夫，也没有亲戚，够清苦的，但她经常能拿出令人吃惊的东西，摆在我面前。她从来不吃肉，一再说自己是素食者。然而有一天，我发现母亲正仔细地用一小块碎面包擦那给我煎牛排用的油锅。我明白了她称自己为素食者的真正原因。

我十六岁时，母亲成了耐斯市美蒙旅馆的女经理。这时，她更忙碌了。一天，她瘫在椅子上，脸色苍白，嘴唇发灰。马上找来医生，做出诊断：她摄取了过多的胰岛素。直到这时我才知道母亲多年一直对我隐瞒的疾痛——糖尿病。

她的头歪向枕头一边，痛苦地用手抓挠胸口。床架上方，则挂着一枚我一九三二年赢得耐斯市少年乒乓球冠军的银质奖章。

啊，是对我的美好前途的憧憬支撑着她活下去，为了给她那荒唐的梦至少加一点真实的色彩，我只能继续努力，与时间竞争，直至一九三八年我被征入空军。巴黎很快失陷，我辗转调到英国皇家空军。刚到英国就接到了母亲的来信。这些信是由在瑞士的一个朋友秘密地转到伦敦，送到我手中的。

现在我要回家了，胸前佩戴着醒目的绿黑两色的解放十字绶//带，……

——节选自[法]罗曼·加里《我的母亲独一无二》

1. 词语难点提示

记得 jì·dé	丈夫 zhàngfu	亲戚 qīnqi	东西 dōngxi
一再 yízài	有一天 yǒuyitiān	一小块 yìxiǎokuài	明白了 míngbaile
女经理 nǚjīnglǐ	摄取了 shèqǔle	胰岛素 yídǎosù	知道 zhī·dào
一直 yìzhí	枕头 zhěntou	一边 yìbiān	抓挠 zhuānao
一枚 yìméi	赢得 yíngdé	憧憬 chōngjǐng	活下去 huóxià·qù
一点(儿)yìdiǎnr	与 yǔ	辗转 zhǎnzhuǎn	朋友 péngyou
醒目 xǐngmù	绶带 shòudài		

2. 句子难点提示

“我发现母亲正仔细地用一小块碎面包擦那给我煎牛排用的油锅。”此句的停顿在“母亲”的后面和“擦”的前面。

3. 整体朗读提示

本文赞扬了伟大的母爱，朗读时语气是凝重的、沉缓的，语调略带悲伤，并充满了对母爱的由衷赞美之情。

作品42号

生活对于任何人都非易事，我们必须有坚韧不拔的精神。最要紧的，还是我们自己要有信心。我们必须相信，我们对每一件事情都具有天赋的才能，并且，无论付出任何代价，都要把这件事完成。当事情结束的时候，你要能问心无愧地说：“我已经尽我所能了。”

有一年的春天，我因病被迫在家里休息数周。我注视着我的女儿们所养的蚕正在结茧，这使我很感兴趣。望着这些蚕执着地、勤奋地工作，我感到我和它们非常相似。像它们一样，我总是耐心地把自己的努力集中在一个目标上。我之所以如此，或许是因为有某种力量在鞭策着我——正如蚕被鞭策着去结茧一般。

近五十年来，我致力于科学研究，而研究，就是对真理的探讨。我有许多美好快乐的记忆。少女时期我在巴黎大学，孤独地过着求学的岁月；在后来献身科学的整个时期，我丈夫和我专心致志，像在梦幻中一般，坐在简陋的书房里艰辛地研究，后来我们就在那里发现了镭。

我永远追求安静的工作和简单的家庭生活。为了实现这个理想，我竭力保持宁静的环境，以免受人事的干扰和盛名的拖累。

我深信，在科学方面我们有对事业而不是//对财富的兴趣。

——节选自[波兰]玛丽·居里《我的信念》，剑捷译

1. 词语难点提示

坚韧不拔 jiānrèn-bùbá	每一件 měiyíjiàn	事情 shìqing	结束 jiéshù
时候 shíhou	问心无愧 wènxīn-wúkuì	有一年 yǒuyìnián	很感 hěngǎn
勤奋地 qínfènde	一样 yíyàng	之所以 zhīsuǒyǐ	因为 yīn·wèi
某种 mǒuzhǒng	鞭策 biāncè	一般 yìbān	美好 měihǎo
丈夫 zhàngfu	简陋的 jiǎnlòude	那里 nà·lǐ	镭 léi
永远 yǒngyuǎn	这个 zhège	理想 lǐxiǎng	竭力 jiélì
以免 yǐmiǎn	拖累 tuōlěi	不是 búshì	

2. 句子难点提示

“像它们一样，我总是耐心地把自己的努力集中在一个目标上。”此句的停顿在“把”的前面和“集中”的前面。

3. 整体朗读提示

本文使用第一人称，表现了玛丽·居里对生活事业坚韧不拔的精神。朗读时语调自信、坚定。

作品 43 号

我为什么非要教书不可？是因为我喜欢当教师的时间安排表和生活节奏。七、八、九三个月给我提供了进行回顾、研究、写作的良机，并将三者有机融合，而善于回顾、研究和总结正是优秀教师素质中不可缺少的成分。

干这行给了我多种多样的“甘泉”去品尝，找优秀的书籍去研读，到“象牙塔”和实际世界里去发现。教学工作给我提供了继续学习的时间保证，以及多种途径、机遇和挑战。

然而，我爱这一行的真正原因，是爱我的学生。学生们在我的眼前成长、变化。当教师意味着亲历“创造”过程的发生——恰似亲手赋予一团泥土以生命，没有什么比目睹它开始呼吸更激动人心的了。

权利我也有了：我有权利去启发诱导，去激发智慧的火花，去问费心思考的问题，去赞扬回答的尝试，去推荐书籍，去指点迷津。还有什么别的权利能与之相比呢？

而且，教书还给我金钱和权利之外的东西，那就是爱心。不仅有对学生的爱，对书籍的爱，对知识的爱，还有教师才能感受到的对“特别”学生的爱。这些学生，有如冥顽不灵的泥块，由于接受了老师的炽爱才勃发了生机。

所以，我爱教书，还因为，在那些勃发生机的“特//别”学生身上，……

——节选自[美]彼得·基·贝得勒《我为什么当教师》

1. 词语难点提示

不可 bùkě	因为 yīn·wèi	喜欢 xǐhuan	提供了 tígōngle
途径 tújìng	这一行 zhèyìháng	学生 xuésheng	赋予 fùyǔ
一团 yìtuán	指点迷津 zhǐdiǎnmíjīn	给我 gěiwǒ	东西 dōngxi
知识 zhīshi	冥顽不灵 míngwán-bùlíng	炽爱 chì’ài	所以 suǒyǐ

2. 句子难点提示

“当教师意味着亲历‘创造’过程的发生——恰似亲手赋予一团泥土以生命，没有什么比目睹它开始呼吸更激动人心的了。”此句第一个分句的前半部分的停顿在“意味”的前面，后面一个分句的停顿在“什么”的后面和“呼吸”的后面。

3. 整体朗读提示

本文充满感情地阐述了“我”喜欢当教师的理由，语言质朴清新，毫无夸夸其谈之态，所以在朗读时宜娓娓道来，感情起伏不宜过于强烈。同时，语调自然之中要饱含对教师职业的热爱之情，这样才能把作者的感悟和心情淋漓尽致地表现出来。

作品 44 号

中国西部我们通常是指黄河与秦岭相连一线以西，包括西北和西南的十二个省、市、自治区。这块广袤的土地面积为五百四十六万平方公里，占国土总面积的百分之五十七；人口二点八亿，占全国总人口的百分之二十三。

西部是华夏文明的源头。华夏祖先的脚步是顺着水边走的：长江上游出土过元谋人牙齿化石，距今约一百七十万年；黄河中游出土过蓝田人头盖骨，距今约七十万年。这两处古人类都比距今约五十万年的北京猿人资格更老。

西部地区是华夏文明的重要发源地。秦皇汉武以后，东西方文化在这里交汇融合，从而有了丝绸之路的驼铃声声，佛院深寺的暮鼓晨钟。敦煌莫高窟是世界文化史上的一个奇迹，它在继承汉晋艺术传统的基础上，形成了自己兼收并蓄的恢宏气度，展现出精美绝伦的艺术形式和博大精深的文化内涵。秦始皇兵马俑、西夏王陵、楼兰古国、布达拉宫、三星堆、大足石刻等历史文化遗产，同样为世界所瞩目，成为中华文化重要的象征。

西部地区又是少数民族及其文化的集萃地，几乎包括了我国所有的少数民族。在一些偏远的少数民族地区，仍保留//了一些久远时代的艺术品种，……

——节选自《中考语文课外阅读试题精选》中《西部文化和西部开发》

1. 词语难点提示

一线 yíxiàn　广袤的 guǎngmàode　面积 miànjī　元谋人 Yuánmóurén

一百 yìbǎi　佛院 fóyuàn　暮鼓晨钟 mùgǔ-chénzhōng

敦煌 Dūnhuáng　莫高窟 mògāokū　一个 yígè　奇迹 qíjì

兼收并蓄 jiānshōu-bìngxù　博大精深 bódà-jīngshēn

为 wéi　瞩目 zhǔmù　集萃地 jícuìdì　几乎 jīhū

所有 suǒyǒu　一些 yìxiē

2. 句子难点提示

“中国西部我们通常是指黄河与秦岭相连一线以西，包括西北和西南的十二个省、市、自治区。”此句的第一个分句的停顿在“我们”的前面。

3. 整体朗读提示

本文以说明文的形式介绍了西部文化和西部开发。朗读时客观、沉稳，感情抑扬不明显。

作品 45 号

高兴，这是一种具体的被看得到摸得着的事物所唤起的情绪。它是心理的，更是生理的。它容易来也容易去，谁也不应该对它视而不见失之交臂，谁也不应该总是做那些使自己不高兴也使旁人不高兴的事。让我们说一件最容易做也最令人高兴的事吧，尊重你自己，也尊重别人，这是每一个人的权利，我还要说这是每一个人的义务。

快乐，它是一种富有概括性的生存状态、工作状态。它几乎是先验的，它来自生命本身的活力，来自宇宙、地球和人间的吸引，它是世界的丰富、绚丽、阔大、悠久的体现。快乐还是一种力量，是埋在地下的根脉。消灭一个人的快乐比挖掘掉一棵大树的根要难得多。

欢欣，这是一种青春的、诗意的情感。它来自面向着未来伸开双臂奔跑的冲力，它来自一种轻松而又神秘、朦胧而又隐秘的激动，它是激情即将到来的预兆，它又是大雨过后的比下雨还要美妙得多也久远得多的回味……

喜悦，它是一种带有形而上色彩的修养和境界。与其说它是一种情绪，不如说它是一种智慧、一种超拔、一种悲天悯人的宽容和理解，一种饱经沧桑的充实和自信，一种光明的理性，一种坚定//的成熟，……

——节选自王蒙《喜悦》

1. 词语难点提示

一种 yìzhǒng	摸得着 mōdezháo	谁 shéi	视而不见 shì'érbújiàn
失之交臂 shīzhījiāobì	一件 yíjiàn	每一个 měiyígè	几乎 jīhū
绚丽 xuànlì	地下 dìxià	根脉 gēnmài	一棵 yìkē
朦胧 ménglóng	隐秘 yǐnmì	久远 jiúyuǎn	与其 yǔqí
悲天悯人 bēitiān-mǐnrén		理解 líjiě	

2. 句子难点提示

“高兴，这是一种具体的被看得到摸得着的事物所唤起的情绪。”此句的停顿在“具体的”的后面和“事物”的后面。

3. 整体朗读提示

本文是人生感悟，富有哲理和诗意，朗读时语调沉稳中要有感情的起伏，把作者的感悟通过自己的声音渲染出来。

作品 46 号

在湾仔，香港最热闹的地方，有一棵榕树，它是最贵的一棵树，不光在香港，在全世界，都是最贵的。

树，活的树，又不卖何言其贵？只因它老，它粗，是香港百年沧桑的活见证，香港人不忍看着它被砍伐，或者被移走，便跟要占用这片山坡的建筑者谈条件：可以在这儿建大楼盖商厦，但一不准砍树，二不准挪树，必须把它原地精心养起来，成为香港闹市中的一景。太古大厦的建设者最后签了合同，占用这个大山坡建豪华商厦的先决条件是同意保护这棵老树。

树长在半山坡上，计划将树下面的成千上万吨山石全部掏空取走，腾出地方来盖楼，把树架在大楼上面，仿佛它原本是长在楼顶上似的。建设者就地造了一个直径十八米、深十米的大花盆，先固定好这棵老树，再在大花盆底下盖楼。光这一项就花了两千三百八十九万港币，堪称是最昂贵的保护措施了。

太古大厦落成之后，人们可以乘滚动扶梯一次到位，来到太古大厦的顶层，出后门，那儿是一片自然景色。一棵大树出现在人们面前，树干有一米半粗，树冠直径足有二十多米，独木成林，非常壮观，形成一座以它为中心的小公园，取名叫“榕圃”。树前面//插着铜牌，……

——节选自舒乙《香港：最贵的一棵树》

1. 词语难点提示

湾仔 Wānzǎi	热闹 rènao	地方 dìfang	一棵 yìkē
又不卖 yòubúmài	沧桑 cāngsāng	看着 kànzhe	砍伐 kǎnfá
可以 kěyǐ	这儿 zhèr	养起来 yǎngqǐ · lái	一景 yìjǐng
合同 hétong	下面 xià · miàn	取走 qǔzǒu	地方 dìfang
仿佛 fǎngfú	似的 shìde	一个 yígè	直径 zhíjìng
这一项 zhèyíxiàng	堪称 kānchēng	一次到位 yícìdàowèi	
那儿 nàr	树冠 shùguān	独木成林 dúmù-chénglín	
一座 yízuò	榕圃 róngpǔ		

2. 句子难点提示

“太古大厦的建设者最后签了合同，占用这个大山坡建豪华商厦的先决条件是同意保护这棵老树。”此句第一个分句的停顿在“最后”之前，后一个分句长，停顿宜在“大山坡”的后面和“先决条件”的后面。

3. 整体朗读提示

本文描写了香港最贵的一棵树。文章一开头就给了读者一个悬念，朗读时，语调要有起伏，语势可稍作夸张，然后一步步地揭示答案让读者明白其中的缘由，朗读这一部分，语调要平稳而不失惊奇。

作品 47 号

我们的船渐渐地逼近榕树了。我有机会看清它的真面目：是一棵大树，有数不清的丫枝，枝上又生根，有许多根一直垂到地上，伸进泥土里。一部分树枝垂到水面上，从远处看，就像一棵大树斜躺在水面上一样。

现在正是枝繁叶茂的时节。这棵榕树好像在把它的全部生命力展示给我们看。那么多的绿叶，一簇堆在另一簇的上面，不留一点缝隙。翠绿的颜色明亮地在我们的眼前闪耀，似乎每一片树叶上都有一个新的生命在颤动，这美丽的南国的树！

船在树下泊了片刻，岸上很湿，我们没有上去。朋友说这里是“鸟的天堂”，有许多鸟在这棵树上做窝，农民不许人去捉它们。我仿佛听见几只鸟扑翅的声音，但是等到我的眼睛注意地看那里时，我却看不见一只鸟的影子。只有无数的树根立在地上，像许多根木桩。地是湿的，大概涨潮时河水常常冲上岸去。“鸟的天堂”里没有一只鸟，我这样想道。船开了，一个朋友拨着船，缓缓地流到河中间去。

第二天，我们划着船到一个朋友的家乡去，就是那个有山有塔的地方。从学校出发，我们又经过那“鸟的天堂”。

这一次是在早晨，阳光照在水面上，也照在树梢上。一切都//显得非常光明。

——节选自巴金《鸟的天堂》

1. 词语难点提示

我们 wǒmen	渐渐地 jiànjiànde	机会 jī・huì	数不清 shǔ・bùqīng
丫枝 yāzhī	一直 yìzhí	地上 dì・shàng	泥土里 nítǔ・lǐ
一部分 yíbùfen	水面上 shuǐmiàn・shàng		一棵 yìkē
一样 yíyàng	时节 shíjié	那么 nàme	一簇 yícù
上面 shàng・miàn	一点儿 yìdiǎnr	缝隙 fèngxì	似乎 sìhū
每一片 měiyípiàn	树叶上 shùyè・shàng	颤动 chàndòng	泊了 bóle
岸上 àn・shàng	上去 shàng・qù	朋友 péngyou	这里 zhè・lǐ
它们 tāmen	听见 tīng・jiàn	眼睛 yǎnjing	那里 nà・lǐ
看不见 kàn・bújiàn	一只 yìzhī	影子 yǐngzi	只有 zhǐyǒu
冲上岸去 chōng・shàng’àn・qù		塔 tǎ	早晨 zǎo・chén
一切 yíqiè	树梢上 shùshāo・shàng		

2. 句子难点提示

“翠绿的颜色明亮地在我们的眼前闪耀，似乎每一片树叶上都有一个新的生命在颤动，这美丽的南国的树!”此句的第一个分句停顿在“颜色”的后面，第二个分句停顿在“都”之前。在读这句话时语调要明快并夹杂着欣喜，特别最后一个分句，语速放慢，音长加长，以表现作者的赞叹之情。

3. 整体朗读提示

本文写了作者两次观赏大榕树的情景，而且两次的印象有些不同，朗读时要区别对待，朗读前一部分时要用欣喜的语调、舒缓的节奏表现出对大榕树的赞美之情，朗读中间过渡时语调要略含失望、遗憾，朗读后一部分时语调要畅快欣喜。

作品 48 号

有这样一个故事。

有人问：世界上什么东西的气力最大？回答纷纭得很，有的说“象”，有的说“狮”，有人开玩笑似的说：是“金刚”，金刚有多少气力，当然大家全不知道。

结果，这一切答案完全不对，世界上气力最大的，是植物的种子。一粒种子所可以显现出来的力，简直是超越一切。

人的头盖骨，结合得非常致密与坚固，生理学家和解剖学者用尽了一切的方法，要把它完整地分出来，都没有这种力气。后来忽然有人发明了一个方法，就是把一些植物的种子放在要剖析的头盖骨里，给它以温度与湿度，使它发芽。一发芽，这些种子便以可怕的力量，将一切机械力所不能分开的骨骼，完整地分开了。植物种子的力量之大，//如此如此。

这，也许特殊了一点儿，常人不容易理解。那么，你看见过笋的成长吗？你看见过被压在瓦砾和石块下面的一棵小草的生长吗？它为着向往阳光，为着达成它的生之意志，不管上面的石块如何重，石与石之间如何狭，它必定要曲曲折折地，但是顽强不屈地透到地面上来。它的根往土壤钻，它的芽往地面挺，这是一种不可抗拒的力，阻止它的石块，结果也被它掀翻，一粒种子的力量之大，如此如此。

——节选自夏衍《野草》

1. 词语难点提示

这样 zhèyàng	故事 gùshi	东西 dōngxi	金刚 Jīngāng
一切 yíqiè	不对 búduì	种子 zhǒngzi	一粒 yílì
解剖 jiěpōu	分出来 fēnchū・lái	力气 lìqi	一个 yígè
一些 yìxiē	一发芽 yìfāyá	机械力 jīxièlì	也许 yéxǔ
一点 yìdiǎnr	理解 lǐjiě	看见过 kàn・jiànguo	瓦砾 wǎlì
一棵 yìkē	小草 xiǎocǎo	曲曲折折 qūqū-zhézhé	
顽强不屈 wángqiáng-bùqū		土壤 tǔrǎng	不可抗拒 bùkěkàngjù
阻止 zǔzhǐ	掀翻 xiānfān		

2. 句子难点提示

"你看见过被压在瓦砾和石块下面的一棵小草的生长吗?"此句的停顿在"你看见过"的后面，末尾用升调。

3. 整体朗读提示

本文饱含激情地描写了小草种子的力量，开头便留有悬念，朗读时要语气自然轻松而不失好奇，接着具体描写了小草种子力量之大，朗读时要洋溢着新奇和对种子顽强不息的赞美之情。

作品 49 号

有个塌鼻子的小男孩儿，因为两岁时得过脑炎，智力受损，学习起来很吃力。打个比方，别人写作文能写二三百字，他却只能写三五行。但即便这样的作文，他同样能写得很动人。

那是一次作文课，题目是《愿望》。他极其认真地想了半天，然后极认真地写，那作文极短。只有三句话：

我有两个愿望。第一个是，妈妈天天笑眯眯地看着我说："你真聪明。"第二个是，老师天天笑眯眯地看着我说："你一点儿也不笨。"

于是，就是这篇作文，深深地打动了他的老师，那位妈妈式的老师不仅给了他最高分，在班上带感情地朗读了这篇作文，还一笔一画地批道：你很聪明，你的作文写得非常感人，请放心，妈妈肯定会格外喜欢你的，老师肯定会格外喜欢你的，大家肯定会格外喜欢你的。

捧着作文本，他笑了，蹦蹦跳跳地回家了，像只喜鹊。但他并没有把作文本拿给妈妈看，他是在等待，等待着一个美好的时刻。

那个时刻终于到了，是妈妈的生日——一个阳光灿烂的星期天：那天，他起得特别早，把作文本装在一个亲手做的美丽的大信封里，等着妈妈醒来。妈妈刚刚睁眼醒来，他就笑眯眯地走到妈妈跟前说："妈妈，今天是您的生日，我要//送给您一件礼物。"

——节选自张玉庭《一个美丽的故事》

1. 词语难点提示

塌鼻子 tābízi	男孩儿 nánháir	因为 yīn·wèi	得过 déguo
比方 bǐfang	一次 yícì	只有 zhǐyǒu	笑眯眯 xiàomīmī
聪明 cōng·míng	一点儿 yìdiǎnr	不笨 búbèn	一笔一画 yìbǐ-yíhuà
喜欢 xǐhuan	喜鹊 xǐ·què	一个 yígè	美好 měihǎo

2. 句子难点提示

"你很聪明，你的作文写得非常感人，请放心，妈妈肯定会格外喜欢你的，老师肯定会格外喜欢你的，大家肯定会格外喜欢你的。"这是老师对小男孩儿作文的批语，充满了浓浓的爱意，读时语调轻柔。

3. 整体朗读提示

本文讲述了一个感人而又美丽的故事。朗读时，声音要柔和甜润，把整篇文章浓浓的爱意表现出来。最后一句为画龙点睛之笔，读时语气舒缓，语调稳健让人耐人寻味，感动至深。

作品 50 号

小学的时候，有一次我们去海边远足，妈妈没有做便饭，给了我十块钱买午餐。好像走了很久，很久，终于到海边了，大家坐下来便吃饭，荒凉的海边没有商店，我一个人跑到防风林外面去，级任老师要大家把吃剩的饭菜分给我一点儿。有两三个男生留下一点儿给我，还有一个女生，她的米饭拌了酱油，很香。我吃完的时候，她笑眯眯地看着我，短头发，脸圆圆的。

她的名字叫翁香玉。

每天放学的时候，她走的是经过我们家的一条小路，带着一位比她小的男孩儿，可能是弟弟。小路边是一条清澈见底的小溪，两旁竹阴覆盖，我总是远远地跟在她后面，夏日的午后特别炎热，走到半路她会停下来，拿手帕在溪水里浸湿，为小男孩儿擦脸。我也在后面停下来，把肮脏的手帕弄湿了擦脸，再一路远远跟着她回家。

后来我们家搬到镇上去了，过几年我也上了中学。有一天放学回家，在火车上，看见斜对面一位短头发、圆圆脸的女孩儿，一身素净的白衣黑裙。我想她一定不认识我了。火车很快到站了，我随着人群挤向门口，她也走近了，叫我的名字。这是她第一次和我说话。

她笑眯眯的，和我一起走过月台。以后就没有再见过//她了。

——节选自苦伶《永远的记忆》

1. 词语难点提示

时候 shíhou	有一次 yǒuyícì	便饭 biànfàn	很久 hěnjiǔ
坐下来 zuòxià・lái	一个人 yígèrén	吃剩 chīshèng	一点儿 yìdiǎnr
给我 gěiwǒ	一个 yígè	头发 tóufa	名字 míngzi
翁 wēng	一条 yìtiáo	一位 yíwèi	男孩儿 nánháir
弟弟 dìdi	远远地 yuǎnyuǎnde	浸湿 jìnshī	肮脏 āngzāng
一路 yílù	女孩儿 nǚháir	一身 yìshēn	素净 sùjìng
一定 yídìng	认识 rènshi	一起 yìqǐ	见过 jiànguo

2. 句子难点提示

"级任老师要大家把吃剩的饭菜分给我一点儿。"此句的停顿应在"老师"的后面和"饭菜"的后面。

3. 整体朗读提示

这是一篇充满浓浓怀念的回忆录，语言清新自然，没有大起大落的感情起伏，所以朗读时语气要舒缓，声音要柔婉，仿佛回到那令人回味无穷，令人难以忘怀的情景之中。

作品 51 号

在繁华的巴黎大街的路旁，站着一个衣衫褴褛、头发斑白、双目失明的老人。他不像其他乞丐那样伸手向过路行人乞讨，而是在身旁立一块木牌，上面写着："我什么也看不见！"街上过往的行人很多，看了木牌上的字都无动于衷，有的还淡淡一笑，便姗姗而去了。

这天中午，法国著名诗人让・彼浩勒也经过这里。他看看木牌上的字，问盲老人："老人家，今天上午有人给你钱吗？"

盲老人叹息着回答："我，我什么也没有得到。"说着，脸上的神情非常悲伤。

让・彼浩勒听了，拿起笔悄悄地在那行字的前面添上了"春天到了，可是"几个字，就匆匆地离开了。

晚上，让・彼浩勒又经过这里，问那个盲老人下午的情况。盲老人笑着回答说："先生，不知为什么，下午给我钱的人多极了！"让・彼浩勒听了，摸着胡子满意地笑了。

"春天到了，可是我什么也看不见！"这富有诗意的语言，产生这么大的作用，就在于它有非常浓厚的感情色彩。是的，春天是美好的，那蓝天白云，那绿树红花，那莺歌燕舞，那流水人家，怎么不叫人陶醉呢？但这良辰美景，对于一个双目失明的人来说，只是一片漆黑。当人们想到这个盲老人，一生中竟连万紫千红的春天//都不曾看到，怎能不对他产生同情之心呢？

——节选自小学《语文》第六册中《语言的魅力》

1. 词语难点提示

一个 yígè	褴褛 lánlǚ	头发 tóufa	乞讨 qǐtǎo
一块 yíkuài	看不见 kàn・bújiàn	无动于衷 wúdòngyúzhōng	

一笑 yíxiào		姗姗而去 shānshānérqù	
著名 zhùmíng	彼浩勒 Bǐhàolè	给你 gěinǐ	神情 shénqíng
悄悄 qiāoqiāo	匆匆地 cōngcōngde	晚上 wǎnshang	这里 zhè · lǐ
先生 xiānsheng	胡子 húzi	美好 měihǎo	莺歌燕舞 yīnggē-yànwǔ
不叫人 bújiàorén	漆黑 qīhēi	一生 yìshēng	

2. 句子难点提示

"他不像其他乞丐那样伸手向过路的行人乞讨，……"此分句的停顿在"那样"和"伸手"之间。

3. 整体朗读提示

本文通过一件小事，让我们感受到语言的魅力。朗读时可以分成两部分：一是叙事部分，用沉着稳健的语调把故事娓娓动听地讲述出来；二是最后一个自然段的抒情部分，要用感叹的语调读出来。

作品 52 号

有一次，苏东坡的朋友张鹗拿着一张宣纸来求他写一幅字，而且希望他写一点儿关于养生方面的内容。苏东坡思索了一会儿，点点头说："我得到了一个养生长寿古方，药只有四味，今天就赠给你吧。"于是，东坡的狼毫在纸上挥洒起来，上面写着："一曰无事以当贵，二曰早寝以当富，三曰安步以当车，四曰晚食以当肉。"

这哪里有药？张鹗一脸茫然地问。苏东坡笑着解释说，养生长寿的要诀，全在这四句里面。

所谓"无事以当贵"，是指人不要把功名利禄、荣辱过失考虑得太多，如能在情志上潇洒大度，随遇而安，无事以求，这比富贵更能使人终其天年。

"早寝以当富"，指吃好穿好、财货充足，并非就能使你长寿。对老年人来说，养成良好的起居习惯，尤其是早睡早起，比获得任何财富更加宝贵。

"安步以当车"，指人不要过于讲求安逸、肢体不劳，而应多以步行来替代骑马乘车，多运动才可以强健体魄，通畅气血。

"晚食以当肉"，意思是人应该用已饥方食、未饱先止代替对美味佳肴的贪吃无厌。他进一步解释，饿了以后才进食，虽然是粗茶淡饭，但其香甜可口会胜过山珍；如果饱了还要勉强吃，即使美味佳肴摆在眼前也难以//下咽。

——节选自蒲昭和《赠你四味长寿药》

1. 词语难点提示

有一次 yǒuyícì	朋友 péngyou	张鹗 Zhāng'è	一张 yìzhāng
一幅 yìfú	一点儿 yìdiǎnr	一会儿 yíhuìr	点点 diǎndiǎn
只有 zhǐyǒu	当 dàng	早寝 zǎoqǐn	哪里 nǎ · lǐ
一脸 yìliǎn	要诀 yàojué	里面 lǐ · miàn	不要 búyào
利禄 lìlù	随遇而安 suíyù'ér'ān	使你 shǐnǐ	安逸 ānyì
应 yīng	可以 kěyǐ	气血 qìxuè	意思 yìsi

已饥方食 yǐjīfāngshí 可口 kěkǒu 勉强 miǎnqiǎng

2. 句子难点提示

“有一次，苏东坡的朋友张鹗拿着一张宣纸来求他写一幅字，而且希望他写一点儿关于养生方面的内容。”第一个分句停顿在“拿着”的前面，第二个分句在“关于”的前面停顿。

3. 整体朗读提示

本文是一篇关于养生之道的小杂文，朗读时使用平稳、深沉的基调，不紧不慢地娓娓道出养生四味长寿药的内涵和实质。

作品53号

人活着，最要紧的是寻觅到那片代表着生命绿色和人类希望的丛林，然后选一高高的枝头站在那里观览人生，消化痛苦，孕育歌声，愉悦世界！

这可真是一种潇洒的人生态度，这可真是一种心境爽朗的情感风貌。

站在历史的枝头微笑，可以减免许多烦恼。在那里，你可以从众生相所包含的甜酸苦辣、百味人生中寻找你自己，你境遇中的那点苦痛，也许相比之下，再也难以占据一席之地，你会较容易地获得从不悦中解脱灵魂的力量，使之不致变得灰色。

人站得高些，不但能有幸早些领略到希望的曙光，还能有幸发现生命的立体的诗篇。每一个人的人生，都是这诗篇中的一个词、一个句子或者一个标点。你可能没有成为一个美丽的词，一个引人注目的句子，一个惊叹号，但你依然是这生命的立体诗篇中的一个音节、一个停顿、一个必不可少的组成部分。这足以使你放弃前嫌，萌生为人类孕育新的歌声的兴致，为世界带来更多的诗意。

最可怕的人生见解，是把多维的生存图景看成平面。因为那平面上刻下的大多是凝固了的历史——过去的遗迹；但活着的人们，活得却是充满着新生智慧的，由//不断逝去的“现在”组成的未来。

——节选自[美]本杰明·拉什《站在历史的枝头微笑》

1. 词语难点提示

活着 huózhe	寻觅 xúnmì	丛林 cónglín	高高的 gāogāode
观览 guānlǎn	一种 yìzhǒng	潇洒的 xiāosǎde	态度 tài · dù
可以 kěyǐ	减免 jiǎnmiǎn	众生相 zhòngshēngxiàng	
甜酸苦辣 tián-suān-kǔ-là		那点儿 nàdiǎnr	
也许 yěxǔ	一席之地 yìxízhīdì	容易地 róng · yìde	
不悦中 búyuèzhōng	力量 lì · liàng	不但 búdàn	曙光 shǔguāng
每一个 měiyígè	句子 jùzi	部分 bùfen	萌生 méngshēng
兴致 xìngzhì	因为 yīn · wèi	凝固了的 nínggùlede	遗迹 yíjì

2. 句子难点提示

“人活着，最要紧的是寻觅到那片代表着生命绿色和人类希望的丛林，然后选一高高的枝头站在那里观览人生，消化痛苦，孕育歌声，愉悦世界！”此句“然后”之前的部分较长，朗读时停顿应在“是”之前，“和”的前面。

3. 整体朗读提示

本文是关于人生哲理的小品文，朗读时语气坚实、从容，语调要平稳、诚恳。

作品 54 号

中国的第一大岛、台湾省的主岛台湾，位于中国大陆架的东南方，地处东海和南海之间，隔着台湾海峡和大陆相望。天气晴朗的时候，站在福建沿海较高的地方，就可以隐隐约约地望见岛上的高山和云朵。

台湾岛形状狭长，从东到西，最宽处只有一百四十多公里；由南至北，最长的地方约有三百九十多公里。地形像一个纺织用的梭子。

台湾岛上的山脉纵贯南北，中间的中央山脉犹如全岛的脊梁。西部为海拔近四千米的玉山山脉，是中国东部的最高峰。全岛约有三分之一的地方是平地，其余为山地。岛内有缎带般的瀑布，蓝宝石似的湖泊，四季常青的森林和果园，自然景色十分优美。西南部的阿里山和日月潭，台北市郊的大屯山风景区，都是闻名世界的游览胜地。

台湾岛地处热带和温带之间，四面环海，雨水充足，气温受到海洋的调剂，冬暖夏凉，四季如春，这给水稻和果木生长提供了优越的条件。水稻、甘蔗、樟脑是台湾的“三宝”。岛上还盛产鲜果和鱼虾。

台湾岛还是一个闻名世界的“蝴蝶王国”。岛上的蝴蝶共有四百多个品种，其中有不少是世界稀有的珍贵品种。岛上还有不少鸟语花香的蝴//蝶谷，……

——节选自《中国的宝岛——台湾》

1. 词语难点提示

主岛 zhǔdǎo	时候 shíhou	地方 dìfang	可以 kěyǐ
隐隐约约 yǐnyǐn-yuēyuē	云朵 yúnduǒ	只有 zhǐyǒu	梭子 suōzi
山脉 shānmài	纵贯 zònguàn	脊梁 jǐliang	瀑布 pùbù
似的 shìde	湖泊 húpō	雨水 yǔshuǐ	提供 tígōng
甘蔗 gānzhe	樟脑 zhāngnǎo	闻名世界 wénmíngshìjiè	不少 bùshǎo
品种 pǐnzhǒng			

2. 句子难点提示

“岛内有缎带般的瀑布，蓝宝石似的湖泊，四季常青的森林和果园，自然景色十分优美。”此句的每一个分句都很短小，但都饱含着作者的赞叹和热爱，朗读时要通过自己的声音表现出来，不要平平淡淡，一念而过。

3. 整体朗读提示

本文介绍了中国宝岛台湾的概貌，具有客观性，但又融入了作者对宝岛台湾的赞美热爱之情，在朗读时要使用稳健的语调，同时又包含着热爱的情绪。

作品 55 号

对于中国的牛，我有着一种特别尊敬的感情。

留给我印象最深的，要算在田垄上的一次“相遇”。

一群朋友郊游，我领头在狭窄的阡陌上走，怎料迎面来了几头耕牛，狭道容不下人和牛，终有一方要让路。它们还没有走近，我们已经预计斗不过畜生，恐怕难免踩到田地泥水里，弄得鞋袜又泥又湿了。正踟蹰的时候，带头的一头牛，在离我们不远的地方停下来，抬起头看看，稍迟疑一下，就自动走下田去，一队耕牛，全跟着它离开阡陌，从我们身边经过。

我们都呆了，回过头来，看着深褐色的牛队，在路的尽头消失，忽然觉得自己受了很大的恩惠。

中国的牛，永远沉默地为人做着沉重的工作。在大地上，在晨光或烈日下，它拖着沉重的犁，低头一步又一步，拖出了身后一列又一列松土，好让人们下种。等到满地金黄或农闲时候，它可能还得担当搬运负重的工作，或终日绕着石磨，朝同一方向，走不计程的路。

在它沉默的劳动中，人便得到应得的收成。

那时候，也许，它可以松一肩重担，站在树下，吃几口嫩草。偶尔摇摇尾巴，摆摆耳朵，赶走飞附身上的苍蝇，已经算是它最闲适的生活了。

中国的牛，没有成群奔跑的习//惯，永远沉沉实实的，……

——节选自小思《中国的牛》

1. 词语难点提示

一种 yìzhǒng	田垄 tiánlǒng	一次 yícì	一群 yìqún
朋友 péngyou	阡陌 qiānmò	耕牛 gēngniú	容不下 róng·búxià
一方 yìfāng	斗不过 dòu·búguò	畜生 chùsheng	踟蹰 chíchú
一头 yìtóu	停下来 tíngxià·lái	看看 kànkan	一下 yíxià
一队 yíduì	深褐色 shēnhèsè	永远 yǒngyuǎn	一步 yíbù
一列 yíliè	同一 tóngyī	收成 shōucheng	也许 yěxǔ
可以 kěyǐ	一肩 yìjiān	偶尔 óu'ěr	尾巴 wěiba
耳朵 ěrduo	赶走 gǎnzǒu	苍蝇 cāngying	

2. 句子难点提示

"一群朋友郊游，我领头在狭窄的阡陌上走，怎料到迎面来了几头耕牛，狭道容不下人和牛，终有一方要让路。"此句中每一个小分句中末尾都是押韵的，读时要抑扬顿挫，避免呆板，同时也不要读成打油诗的样式。

3. 整体朗读提示

本文赞美了牛的品格：永远沉沉实实的，默默的工作，平心静气。朗读时要让声音散发出浓郁的生活气息，并充满了对牛的赞美、尊敬之情，但不能太夸张，要把握好分寸，做到恰到好处。

作品 56 号

不管我的梦想能否成为事实，说出来总是好玩儿的：

春天，我将要住在杭州。二十年前，旧历的二月初，在西湖我看见了嫩柳与菜花，碧浪与翠竹。由我看到的那点儿春光，已经可以断定，杭州的春天必定会教人整天生活在诗与图画之中。所以，春天我的家应当是在杭州。

夏天，我想青城山应当算作最理想的地方。在那里，我虽然只住过十天，可是它的幽静已拴住了我的心灵。在我所看见过的山水中，只有这里没有使我失望。到处都是绿，目之所及，那片淡而光润的绿色都在轻轻地颤动，仿佛要流入空中与心中似的。这个绿色会像音乐，涤清了心中的万虑。

秋天一定要住北平。天堂是什么样子，我不知道，但是从我的生活经验去判断，北平之秋便是天堂。论天气，不冷不热。论吃的，苹果、梨、柿子、枣儿、葡萄，每样都有若干种。论花草，菊花种类之多，花式之奇，可以甲天下。西山有红叶可见，北海可以划船——虽然荷花已残，荷叶可还有一片清香。衣食住行，在北平的秋天，是没有一项不使人满意的。

冬天，我还没有打好主意，成都或者相当得合适，虽然并不怎样和缓，可是为了水仙，素心腊梅，各色的茶花，仿佛就受一点儿寒//冷，也颇值得去了。

——节选自老舍《住的梦》

1. 词语难点提示

不管 bùguǎn	好玩儿 hǎowánr	与 yǔ	那点儿 nàdiǎnr
可以 kěyǐ	所以 suǒyǐ	理想 lǐxiǎng	地方 dìfang
住过 zhùguo	只有 zhǐyǒu	使我 shǐwǒ	颤动 chàndòng
仿佛 fǎngfú	似的 shìde	涤清了 díqīngle	一定 yídìng
不冷不热 bùlěngbúrè	枣儿 zǎor	葡萄 pú · táo	甲 jiǎ
北海 Běihǎi	一片 yípiàn	一项 yíxiàng	打好 dǎhǎo
主意 zhǔyi	一点儿 yìdiǎnr		

2. 句子难点提示

“由我看到的那点儿春光，已经可以断定，杭州的春天必定会教人整天生活在诗与图画之中。”最后的分句较长，停顿应在“春天”的后面，“杭州”和“必定”为重音所在。

3. 整体朗读提示

这是一篇充满诗情画意的随笔散文，朗读时要展开想象的翅膀，用甜美的声音、起伏的节奏、富有韵律而又稍有夸张的语调，表现出作者的梦想。

作品 57 号

我不由得停住了脚步。

从未见过开得这样盛的藤萝，只见一片辉煌的淡紫色，像一条瀑布，从空中垂下，不见其发端，也不见其终极，只是深深浅浅的紫，仿佛在流动，在欢笑，在不停地生长。紫色的大条幅上，泛着点点银光，就像迸溅的水花。仔细看时，才知那是每一朵紫花中的最浅淡的部分，在和阳光互相挑逗。

这里除了光彩，还有淡淡的芳香。香气似乎也是浅紫色的，梦幻一般轻轻地笼罩着我。忽然记起十多年前，家门外也曾有过一大株紫藤萝，它依傍一株枯槐爬得很高，但花朵从来都稀落，东一穗西一串伶仃地挂在树梢，好像在察言观色，试探什么。后来索性连那稀零的花串也没有了。园中别的紫藤花架也都拆掉，改种了果树。那时的说法是，花和生活腐化有什么必然关系。我曾遗憾地想：这里再看不见藤萝花了。

过了这么多年，藤萝又开花了，而且开得这样盛，这样密，紫色的瀑布遮住了粗壮的盘虬卧龙般的枝干，不断地流着，流着，流向人的心底。

花和人都会遇到各种各样的不幸，但是生命的长河是无止境的。我抚摸了一下那小小的紫色的花舱，那里满装了生命的酒酿，它张满了帆，在这//闪光的花的河流上航行。

——节选自宗璞《紫藤萝瀑布》

1. 词语难点提示

不由得 bùyóude	见过 jiànguo	一片 yípiàn	一条 yìtiáo
不见 bújiàn	深深浅浅 shēnshēn-qiǎnqiǎn	条幅 tiáofú	点点 diǎndiǎn
迸溅 bèngjiàn	每一朵 měiyìduǒ	部分 bùfen	挑逗 tiǎodòu
似乎 sìhū	淡紫色 qiǎnzǐsè	一般 yìbān	一大株 yídàzhū
依傍 yībàng	一株 yìzhū	枯槐 kūhuái	东一穗 dōngyísuì
伶仃 língdīng	稀零 xīlíng	关系 guānxi	看不见 kàn · bújiàn
盘虬 pánqiú	不幸 búxìng	一下 yíxià	小小的 xiǎoxiǎode
酒酿 jiǔniàng			

2. 句子难点提示

“仔细看时，才知那是每一朵紫花中的最浅淡的部分，在和阳光互相挑逗。”此句除了标点符号标示的停顿外，“才知”的后面也应该有停顿。

3. 整体朗读提示

这是一篇写景散文，朗读时注意区分眼前情景与回忆情景，眼前情景美丽无比，朗读时要用轻快、愉悦而又有赞美的语调，在朗读回忆情景时语调要低沉些，略有遗憾之情。

作品 58 号

在一次名人访问中，被问及上个世纪最重要的发明是什么时，有人说是电脑，有人说是汽车，等等。但新加坡的一位知名人士却说是冷气机。他解释，如果没有冷气，热带地区如东南亚国家，就不可能有很高的生产力，就不可能达到今天的生活水准。他的回答实事求是，有理有据。

看了上述报道，我突发奇想：为什么没有记者问二十世纪最糟糕的发明是什么。其实二〇〇二年十月中旬，英国的一家报纸就评出了“人类最糟糕的发明”。获此“殊荣”的，就是人们每天大量使用的塑料袋。

诞生于上个世纪三十年代的塑料袋，其家族包括用塑料制成的快餐饭盒、包装纸、餐用杯盘、饮料瓶、酸奶杯、雪糕杯，等等。这些废弃物形成的垃圾，数量多、体积大、重量轻、不降解，给治理工作带来很多技术难题和社会问题。

比如，散落在田间、路边及草丛中的塑料餐盒，一旦被牲畜吞食，就会危及健康甚至导致死亡。填埋废弃塑料袋、塑料餐盒的土地，不能生长庄稼和树木，造成土地板结，而焚烧处理这些塑料垃圾，则会释放出多种化学有毒气体，其中一种称为二噁英的化合物，毒性极大。

此外，在生产塑料袋、塑料餐盒的//过程中使用的氟利昂，对人体免疫系统和生态环境造成的破坏也极为严重。

——节选自林光如《最糟糕的发明》

1. 词语难点提示

一次 yícì	等等 děngděng	一位 yíwèi	水准 shuǐzhǔn
实事求是 shíshì-qiúshì	有理有据 yǒulǐ-yǒujù	一家 yìjiā	垃圾 lājī
体积 tǐjī	不降解 bújiàngjiě	散落 sànluò	一旦 yídàn
甚至 shènzhì	庄稼 zhuāngjia	处理 chǔlǐ	二噁英 èr'èyīng

2. 句子难点提示

"诞生于上个世纪三十年代的塑料袋，其家族包括用塑料制成的快餐饭盒、包装纸、餐用杯盘、饮料瓶、酸奶杯、雪糕杯，等等。"这句注意带顿号的词语之间的停顿不宜过长，否则就脱离了和整个句子的联系。

3. 整体朗读提示

这是一篇关于保护生态环境的文章，文中既有对事件的讲述，又有对客观事实的说明。朗读时要加以区别。朗读事件讲述时语调充满好奇，并略有起伏，而朗读客观事实说明时要沉稳、坚实。

第七节 普通话水平测试用话题

①我的愿望(或理想)

Wǒ de yuànwàng(huò lǐxiǎng)

②我的学习生活

Wǒ de xuéxí shēnghuó

③我尊敬的人

Wǒ zūnjìng de rén

④我喜爱的动物(或植物)

Wǒ xǐ'ài de dòngwù(huò zhíwù)

⑤童年的记忆

Tóngnián de jìyì

⑥我喜爱的职业

Wǒ xǐ'ài de zhíyè

⑦难忘的旅行
Nánwàng de lǚxíng
⑧我的朋友
Wǒ de péngyou
⑨我喜爱的文学(或其他艺术形式)
Wǒ xǐ'ài de wénxué(huò qítā yìshù xíngshì)
⑩谈谈卫生与健康
Tántan wèishēng yǔ jiànkāng
⑪我的业余生活
Wǒ de yèyú shēnghuó
⑫我喜欢的季节(或天气)
Wǒ xǐhuan de jìjié(huò tiānqì)
⑬学习普通话的体会
Xuéxí pǔtōnghuà de tǐhuì
⑭谈谈服饰
Tántan fúshì
⑮我的假日生活
Wǒ de jiàrì shēnghuó
⑯我的成长之路
Wǒ de chéngzhǎng zhī lù
⑰谈谈科技发展与社会生活
Tántan kējì fāzhǎn yǔ shèhuì shēnghuó
⑱我知道的风俗
Wǒ zhīdào de fēngsú
⑲我和体育
Wǒ hé tǐyù
⑳我的家乡(或熟悉的地方)
Wǒ de jiāxiāng(huò shúxī de dìfang)
㉑谈谈美食
Tántan měi shí
㉒我喜欢的节日
Wǒ xǐhuan de jiérì
㉓我所在的集体(学校、机关、公司等)
Wǒ suǒ zài de jítǐ(xuéxiào、jīguān、gōngsī děng)
㉔谈谈社会公德(或职业道德)
Tántan shèhuì gōngdé(huò zhíyè dàodé)

㉕谈谈个人修养

Tántan gèrén xiūyǎng

㉖我喜欢的明星(或其他知名人士)

Wǒ xǐhuan de míngxīng(huò qítā zhīmíng rénshì)

㉗我喜爱的书刊

Wǒ xǐ'ài de shūkān

㉘谈谈对环境保护的认识

Tántan duì huánjìng-bǎohù de rènshi

㉙我向往的地方

Wǒ xiàngwǎng de dìfang

㉚购物(消费)的感受

Gòuwù(xiāofèi) de gǎnshòu

单元 4

命题说话的要领

在普通话水平测试中，还有“命题说话”一项。这是为了考查应试者在没有文字材料依托的情况下，语音、词汇、语法的规范程度以及自然、流畅的水平。这不单单是对应试者语言水平的考查，同时也是对应试者心理素质的考验。因为绝大多数人在即席说话时，由于紧张或忙于确定说话中心、组织词句而顾此失彼、暴露出许多缺点。因此，在命题说话的训练中，不仅要注意训练成句成段话语语音的自然度，同时也要注意训练用词、造句以及快速思维的能力。

一、语音自然

“自然”指的是能按照日常口语的语音、语调来说话，不要带着朗诵或背诵的腔调。照道理说，这是一个不成问题的问题。谁会在日常生活中对着自己的亲朋好友朗诵呢？问题的产生在于不少人在日常生活中是说当地方言的，除非背书、读报才用普通话。许多人把朗诵作为学习普通话的主要手段，再加上生活在方言区的人大多没有太多机会听到规范的日常口语，久而久之，就把戏剧、朗诵的发音当成了标准发音来仿效。这就造成了不少人在说话时的“朗诵腔”。

其实，仔细考究起来，说话是一种交际手段。人与人交往时贵在真诚，人们希望听到的是亲切、自然、朴实无华的语音。朗诵是一种艺术表演。由于表演的特殊环境(如场地大、观众多、表演者与听众距离远等)，它需要进行艺术加工，也允许美化、夸张。这两种语音在发声、共鸣甚至于吐字、节奏等方面都是各有特点的。它们各有各的用途，不能相互代替。一位名演员下台回家之后，对家人使用的必然是日常口语发音而绝不可能仍然用台词的发音，就是这个道理。

二、用词恰当

用词恰当首先是要用词规范，不用方言词语。例如，有的人把“用抹布擦擦桌子”说成“用揩布揩揩台子”，把“自行车”说成“脚踏车”，这就是用词不规范。除此之外，还有三点是应该注意的。

(一)多用口语词，少用书面语

在说话时，应该尽可能多用口语词，少用“之乎者也”之类的古语词或“基本上”“一般说来”之类的书面语、公文用语。汉语书面语中保留了许多古汉语中的词语，这些词语很文雅、精练，使用这些古语词可以使语言有庄重的色彩，但同时也会减少语句的生动感和亲切感，因此不适合在说话时使用。例如，“诸如”常用在公文里，口语中不妨改为“比方说”更好；“无须乎”也不如“不必”来得生动自然；“午后二时许”就是“下午两点多钟”的意思，但用在小型联欢会上，就不如“下午两点多钟”更为活泼。运用口语词可以使话语显得生动。下文是一位同学在讲述自己爱好滑冰时的一段话：

所以回到家里呢，我妈看见挺心疼的。但是我说我一定要学会。现在呢，将就着学会了。就是不会转弯，转弯就要摔跟斗。

这段话里全是“大白话”，如“我妈”“心疼”“将就着”“摔跟斗”等。这些词如果改成书面语，效果就不一样了，可以改为：

所以回到家里母亲很舍不得。但是我下定了决心要学会。现在已基本上学会了。就是不会转弯，转弯就要跌倒。

(二)不用时髦语

社会上常常流行一些“时髦语”。前些年的“没治了”“震了”“盖了帽儿了”“毙了”都是“好极了”的时髦说法。这些年又从港台传来“做骚”(表演)、“挂咪”(告别舞台)、“发烧友”(歌迷)。上海地区又有“不要太”“淘糨糊”“巴子”等时髦说法。这些时髦语虽然可以风靡一时，但它们是不规范的，会削弱语言的表现力。

(三)避免同音词

在口语中没有文字材料做依托，如果遇到同音现象，就容易造成误解。“向前看”容易被误听为“向钱看”，“期中”也容易被误听为“期终”。因此，人们在说话时应尽可能避免使用有同音词的语词。例如，有人到安徽出差，想品尝一下当地的小吃。服务员指着一种宽面条问“面皮要不要?”当她听到“不要”的答复时，随口说了一句：“你们上海人来这儿，怎么都是不要面皮的?”想不到这句话引起了旁边一对年轻的上海夫妇的极大愤慨，认为这位服务员侮辱了上海人。其实不是这么回事。这是方言词语加上同音现象所造成的一场误会。服务员使用了一个方言词“面皮”，而这个词正好与上海话中表示脸面的“面皮”相同。这样一来，原来服务员所讲的意思“不吃宽面条”就被误解为“不要脸”了。由此可见，在口语中避免使用同音词也是非常重要的。

三、语句流畅

在口语表达中，语句流畅与否，对表达效果影响很大。流畅的语句，好像行云流水，听起来非常容易理解，而且很有吸引力，也不易疲劳；不流畅的语句，听上去断断续续，不但不容易领会，而且容易疲劳或烦躁，效果就很差了。要使语句流畅，应该注意以下几点。

(一)多用短句，多用单句

在口语中，人们接收信息不像看书可以做到一目十行，句子长一点也可以一眼扫到，听话时语音信号是按线性次序鱼贯入耳的，如果句子较长，或者结构复杂，那么当句子末尾进入脑海中时，句子的开头或许已经印象不深了，在听众的脑子中，句子便不完整。所以，口语中的句子千万不要太长。在作文时，教师往往教导学生要惜墨如金，能够用一句话说清楚的，千万不要讲两句，但在讨论口头表达效果时，却要颠倒过来：凡能够讲两句的，千万不要合并为一句，能够分拆为单句的，千万不要合成复句。任何句法在口语表达中都是不被接受的，长修饰语也要尽可能地避免。

(二)冗余适当，避免口头语

口语表达时，有时为了强调某个意思，加深听众的印象，可以采用“有目的地重复”的方法。例如，我们现在还可以从孙中山先生的讲话录音中听到，他在一次演讲中为了强调国人必须觉醒而一连重复了四次“醒”，这是有计划、有目的地重复，并不是啰唆。

有些人在说话时会出现机械地无意义重复的现象。例如，有的人总是重复一句话的末尾几个音节，甚至不管这几个音节是否是一个词。这种重复，时间长了会令人生厌，再加上“嗯”“啊”就成了官腔。特别是夹在句子中间的“这个”“的话”“就是说”等口头语，更是一种毫无积极作用的冗余成分，会使语句断断续续，使听众感到语句很不流畅。听这种讲话不但得不到美的享受，而且有一种受折磨的感觉。因此，这种口头语是讲话时应该避免的。但是，这并不是反对在口语表达中加进一些冗余成分。在口语中适当地穿插冗余成分可以使句子的语气舒缓，还有助于听众理解。以下几种冗余成分是有积极作用的。

1. 提顿性冗余

在语句的主语谓语之间，或者在话题说出之后加一个语气词“呢”(不能重读)，可以起到提顿作用，使句中多一个停顿，使语气变得舒缓和亲切。例如：

这个时候呢活动筋骨也是必要的，所以我就喜欢打乒乓球。不去呢有点抱歉，去呢实在没有兴趣。

这两句话中的“呢”都起了提顿的作用，并且也使语句变得舒缓亲切了。

2. 强调性冗余

这种冗余是为了强调句中某一个词。多半用重复的方法来加强信息。例如：

何况我们都是同龄人，我们同龄人相处应该是非常融洽的。

这句话中后半句重复了“同龄人”，是为了强调。

3. 解释性冗余

这种冗余是为了使听众更加清楚、明白。例如：

近日的上海街头出现了无人售报摊，无人售报摊就是没有人卖报纸的，是靠每一个读者自觉地把钱投进箱子里然后拿一份报纸。

这段话里“无人售报摊”如果写在书面上，应该说很容易理解，但在口头一晃而过时，就难免抓不住要领，特别这是一个新出现的、不熟悉的事物。所以，说话人先重复了这个词，再加上一段说明，这是为了解释的需要。

有时候，在脱口而出之后，如果感到说得不够清楚，也可以用原来的语词加上修饰语再重复的方法来为自己的话做某些注解，这也是一种解释性的冗余。例如：

就在那天我花了半天的时候制作了，亲手制作了一张卡片。

这句话中后半句“亲手制作”就是说话人为了进一步说明“不是一般制作”而临时加上去的。

口语与书面语相比，最大的优越性就是可以边说边修正，这种修正部分常常是通过冗余部分来完成的。

(三)思路清通，符合逻辑

语句流畅与否在很大程度上取决于说话人思路是否清通，说不清楚常常是因为想不清楚。当人们从思维(内部语言)转换为语句(外部语言)时，正确的程序应该是：①确定说话的中心；②确定最关键的词语；③选定句式；④选定第一句所使用的词语。

当然，②与③有时次序会互换，但根据心理学家的研究，确定中心和层次肯定在选定第一句所使用的词语之前。也就是说，人们在开口说第一句话之前，心中应该有一个讲话大纲。因此，第一句话、第一个词就有了依据，以后的词和句也有了基调。这时，说话人便可以胸有成竹、出口成章了。如果说话人没有按照这个程序行事而是边想边说，并且没有一个确定的中心，“脚踩西瓜皮，滑到哪里是哪里”，那就会出现各种各样的思维障碍。这些障碍如不能排除，就会造成说话的中断。即使最后能够排除，也会严重地影响听感，造成语句不流畅的感觉。这是说话人应该尽量避免的。思维障碍也有三种不同的类型。

1. 选词困难造成的障碍

他最反对老师的那种——嗯——老师用很多作业——用很多作业来——影响同学的

学——影响同学的业余生活。

这里出现的重复和延长显然是说话人没有选出适当的后续词语而形成的思维障碍。

选词障碍有时表现为几次换用，例如：

在这个问题上我们要呃——就是说我们一定——呃——应该要注意自己——呃要讲究自己语言的美——语言美就表现出——呃——表现在用词上。

这段话中几次停顿、障碍都和选词有关。这位说话人显然有边想边说的习惯，往往在脱口而出之后又感到不合适，再进行修改，这就造成了语言的不流畅。

2. 句法结构的混乱造成的障碍

我们国家、国家田径队的马家军自从在世界上扬名以来各种各样的鳖精呵——一开始他们浙江圣达、圣达中华鳖精老——各种各样的鳖精还有甚至什么鸡精啊什么蛇精啊各种各样的精都出来了。

这一句话按说话人的本意重新安排一下应该是这样：

自从我们的国家田径队马家军在世界上扬名以来，各种各样的“精”——鳖精、鸡精、蛇精都出来了。

然而，说话人一开始就用错了“自从”。这样一来，整个的句子变成对马家军的评论。在句子中间又插入了浙江圣达，说到一半又觉得这一点与话题无关，于是又放弃。这样一来，整个句子在逻辑上就混乱不堪了。

3. 突然变换说话内容造成的障碍

突然变换说话内容会使听众听后感到前言不搭后语。例如：

但是现在我们现在的广告就是√我记得我刚刚开始看电视的时候有条叫作√，十几年前吧√十一二年前的时候开，开始看电视的时候，那个时候的广告一般都是指那种√一般都是那种大型的机械呵√我记得小时候看电视那个“再向虎山行”它都是广告是那种锅炉啊汽车啊嗯这些这些广告。然后到现在的话十二年以后的话电视里的广告都是那种充斥了√比如说六点六点多钟左右的时候都是那种儿童食品广告。

带“√”的地方代表说话人出现了思维障碍并突然转向，与之相伴随的还有无意义的重复。突然变换说话内容和无意义的重复把整段话搅得一团糟。如果去掉多余的部分(用横线标出)，语句表达就会得到很大的改善。

四、谋篇得法

口头表达的效果，除了语音自然、用词恰当、语句流畅之外，谋篇得法亦是重要的一点。因为既然是表达，就必然有审题、选材、结构方面的问题。审题不当、跑题偏题、无的放矢是不可能说好话的。选材不当，当详不详就会表达不清，当简不简又会显得啰唆。结构不完整不行，结构混乱也不符合要求。在谋篇方面，需注意以下三点。

(一)审题准备

在说话前可以把话题加以分类，找出它们的类型来。总的来说，可以把话题分为记叙和议论两大类。在各类中又可以按所记、所议对象的不同，分为记人、记事、记生活、记所爱的四种“记”以及论人、论事、论物的三种“论”。

由于题目的类型不同，它们的要求也不相同。例如，记叙要求中心突出、交代清楚、信息丰富。记人的讲话，要有外貌的描述，也要有精神的描述；写事的讲话，时间地点、事件的发生、发展和结局要交代；议论的讲话要求立论明确、发挥充分、结构完整，不能有头无尾或者虎头蛇尾，无论是立论或者驳论，都不能中途偷换话题。

有的话题既可以作为记叙的中心，又可以作为议论的中心，如“我和电视”“自然环境和我”就是两可的话题。还有一些话题，可以从人的角度去说，也可以从事物的角度去说，例如，话题“我与电视”可以从自己对电视的看法说，也可以从电视对自己的影响说，有一定的灵活性。

(二)选材合理

在说话时，应该选取适量的材料，所选的材料应该紧扣中心，要避免拉拉杂杂，离题万里，也要防止无话可说。有的人说话善于组织材料，从容不迫，有条不紊，也有的人不善于选取材料，说起话来不得要领。例如，有一位同学讲自己最尊敬的教师，结果把这位教师的优点、缺点一股脑儿全讲了，讲到后来这位同学自己也犯糊涂了，说：“这位老师的许多看法我也不同意……”听她说话的同学也糊涂了，不知道她是尊敬这位教师，还是反对这位教师。这就是选材芜杂造成的后果。还有许多同学则相反，他们不善发挥，三两句就把该说的都说完了。有一位同学讲《商品质量和我》，翻来覆去就是“商品质量就是企业的生命……”教师启发他说“我”，他就说“商品质量就是企业的生命，这就是我的看法呀”。其实联系到“我”可以讲商品质量不达标可能带来的后果，也可以讲述自己受假冒伪劣产品之害的故事。

(三)结构完整

无论记叙或是议论，说话都涉及结构问题。结构完整的讲话，会给人留下深刻的印象，否则就会使人感到残缺不全，影响讲话效果。结构与话题有关，不同的话题有不同的结构。大体说来，议论性的讲话类似于即席演讲。它应该有一个小小的开场白，讲清自己所讲的话题，然后进入主体。主体部分应该摆出自己的观点，结论部分应该应用简洁的语言加以总结并强调自己的观点以给听众留下深刻的印象。例如，一位同学谈自然现象，她选择了雨作为开场白，再从雨谈到水。说话时抓住人们对自然的好奇心，从自然的奥秘谈起，谈到变化无穷的自然，接着话锋一转，就谈到自然界中最平常，然而又变化很大，对生命影响极大的水，这就引入了正题。主体部分详述水的各种姿态——上天入地、雨雪云露，水与人类生命的密切关联，甚至人生的哲理。结论部分谈到自己受到水的启示，想到要学习水能方能圆的灵活性，还要学习水的宽容性、包容性。这是一个讲话结构较好的例子。

记叙性的讲话在自然地引入了主体后，要详细地交代人物、事件的来龙去脉，信息要丰富，条理要清楚。结论部分可以用总结方式，也可用感情交流的方法。

附　录

附录 A　中华人民共和国国家通用语言文字法

（2000 年 10 月 31 日第九届全国人民代表大会常务委员会第十八次会议通过）

目　录

第一章　总　则

第一条　为推动国家通用语言文字的规范化、标准化及其健康发展，使国家通用语言文字在社会生活中更好地发挥作用，促进各民族、各地区经济文化交流，根据宪法，制定本法。

第二条　本法所称的国家通用语言文字是普通话和规范汉字。

第三条　国家推广普通话，推行规范汉字。

第四条　公民有学习和使用国家通用语言文字的权利。

国家为公民学习和使用国家通用语言文字提供条件。

地方各级人民政府及其有关部门应当采取措施，推广普通话和推行规范汉字。

第五条　国家通用语言文字的使用应当有利于维护国家主权和民族尊严，有利于国家统一和民族团结，有利于社会主义物质文明建设和精神文明建设。

第六条 国家颁布国家通用语言文字的规范和标准，管理国家通用语言文字的社会应用，支持国家通用语言文字的教学和科学研究，促进国家通用语言文字的规范、丰富和发展。

第七条 国家奖励为国家通用语言文字事业做出突出贡献的组织和个人。

第八条 各民族都有使用和发展自己的语言文字的自由。

少数民族语言文字的使用依据宪法、民族区域自治法及其他法律的有关规定。

第二章 国家通用语言文字的使用

第九条 国家机关以普通话和规范汉字为公务用语用字。法律另有规定的除外。

第十条 学校及其他教育机构以普通话和规范汉字为基本的教育教学用语用字。法律另有规定的除外。

学校及其他教育机构通过汉语文课程教授普通话和规范汉字。使用的汉语文教材，应当符合国家通用语言文字的规范和标准。

第十一条 汉语文出版物应当符合国家通用语言文字的规范和标准。

汉语文出版物中需要使用外国语言文字的，应当用国家通用语言文字作必要的注释。

第十二条 广播电台、电视台以普通话为基本的播音用语。

需要使用外国语言为播音用语的，须经国务院广播电视部门批准。

第十三条 公共服务行业以规范汉字为基本的服务用字。因公共服务需要，招牌、广告、告示、标志牌等使用外国文字并同时使用中文的，应当使用规范汉字。

提倡公共服务行业以普通话为服务用语。

第十四条 下列情形，应当以国家通用语言文字为基本的用语用字：

（一）广播、电影、电视用语用字；

（二）公共场所的设施用字；

（三）招牌、广告用字；

（四）企业事业组织名称；

（五）在境内销售的商品的包装、说明。

第十五条 信息处理和信息技术产品中使用的国家通用语言文字应当符合国家的规范和标准。

第十六条 本章有关规定中，有下列情形的，可以使用方言：

（一）国家机关的工作人员执行公务时确需使用的；

（二）经国务院广播电视部门或省级广播电视部门批准的播音用语；

（三）戏曲、影视等艺术形式中需要使用的；

（四）出版、教学、研究中确需使用的。

第十七条 本章有关规定中，有下列情形的，可以保留或使用繁体字、异体字：

（一）文物古迹；

（二）姓氏中的异体字；

（三）书法、篆刻等艺术作品；

（四）题词和招牌的手书字；

（五）出版、教学、研究中需要使用的；

（六）经国务院有关部门批准的特殊情况。

第十八条　国家通用语言文字以《汉语拼音方案》作为拼写和注音工具。

《汉语拼音方案》是中国人名、地名和中文文献罗马字母拼写法的统一规范，并用于汉字不便或不能使用的领域。

初等教育应当进行汉语拼音教学。

第十九条　凡以普通话作为工作语言的岗位，其工作人员应当具备说普通话的能力。

以普通话作为工作语言的播音员、节目主持人和影视话剧演员、教师、国家机关工作人员的普通话水平，应当分别达到国家规定的等级标准；对尚未达到国家规定的普通话等级标准的，分别情况进行培训。

第二十条　对外汉语教学应当教授普通话和规范汉字。

第三章　管理和监督

第二十一条　国家通用语言文字工作由国务院语言文字工作部门负责规划指导、管理监督。

国务院有关部门管理本系统的国家通用语言文字的使用。

第二十二条　地方语言文字工作部门和其他有关部门，管理和监督本行政区域内的国家通用语言文字的使用。

第二十三条　县级以上各级人民政府工商行政管理部门依法对企业名称、商品名称以及广告的用语用字进行管理和监督。

第二十四条　国务院语言文字工作部门颁布普通话水平测试等级标准。

第二十五条　外国人名、地名等专有名词和科学技术术语译成国家通用语言文字，由国务院语言文字工作部门或者其他有关部门组织审定。

第二十六条　违反本法第二章有关规定，不按照国家通用语言文字的规范和标准使用语言文字的，公民可以提出批评和建议。

本法第十九条第二款规定的人员用语违反本法第二章有关规定的，有关单位应当对直接责任人员进行批评教育；拒不改正的，由有关单位作出处理。

城市公共场所的设施和招牌、广告用字违反本法第二章有关规定的，由有关行政管理部门责令改正；拒不改正的，予以警告，并督促其限期改正。

第二十七条　违反本法规定，干涉他人学习和使用国家通用语言文字的，由有关行政管理部门责令限期改正，并予以警告。

第四章　附则

第二十八条　本法自2001年1月1日起施行。

附录B 安徽省实施《中华人民共和国国家通用语言文字法》办法

（2006年8月25日安徽省第十届人民代表大会常务委员会第二十五次会议通过）

第一条 为了实施《中华人民共和国国家通用语言文字法》，结合本省实际，制定本办法。

第二条 本省行政区域内国家通用语言文字的使用及其管理和监督适用本办法。

第三条 各级人民政府及其有关部门应当采取措施，推广普通话和推行规范汉字，鼓励国家机关、企业、事业单位、社会团体、其他社会组织和公民参与国家通用语言文字的推广和普及工作。

第四条 县级以上人民政府应当加强对国家通用语言文字工作的领导，将国家通用语言文字工作所需经费列入财政预算，为国家通用语言文字工作提供必要的条件。

第五条 县级以上人民政府语言文字工作部门负责本行政区域内国家通用语言文字使用的管理和监督工作。

第六条 县级以上人民政府有关部门按照以下规定履行国家通用语言文字使用的管理和监督职责：

（一）教育部门负责学校及其他教育机构用语用字的管理和监督，将语言文字规范化纳入教育督导、检查、评估的内容；

（二）公务员主管部门负责国家机关工作人员普通话和规范汉字使用的管理和监督；

（三）文化、广播影视、新闻出版、信息产业等部门负责广播、电影、电视、报刊、网络等媒体以及汉语文出版物、信息处理和信息技术产品中用语用字的管理和监督；

（四）工商行政管理部门负责企业名称、商品名称以及广告中用语用字的管理和监督；

（五）民政部门负责社会团体、民办非企业单位名称和地名中用语用字的管理和监督；

（六）城市管理部门负责公共场所设施的用语用字的管理和监督；

（七）劳动和社会保障部门负责将普通话和规范汉字使用纳入有关职业技能培训的基本内容；

（八）质量技术监督部门负责产品标识、说明等用语用字的管理和监督；

（九）卫生、体育、旅游、商业、金融、铁路、民航、交通、邮政、电信等负责本部门公共服务行业用语用字的管理和监督。

第七条 国家机关应当以普通话和规范汉字为公务用语用字。

国家机关工作人员在办公、会议、面向公众讲话等公务活动中应当使用普通话。

国家机关的公文、印章、名称牌、标志牌、指示牌、电子屏幕、标语等应当使用规范汉字。

第八条　学校及其他教育机构应当以普通话和规范汉字为基本的教育教学用语用字。

学校及其他教育机构应当提高学生正确使用国家通用语言文字的能力，将其作为教育教学和学生技能训练的基本内容。

第九条　公共服务行业应当以规范汉字为基本的服务用字；提倡公共服务行业以普通话为服务用语。

第十条　下列情形，应当以普通话为基本用语：

(一)广播电台、电视台的播音、主持、采访等；

(二)电影、电视剧用语；

(三)运动会、博览会、演唱会、庆典活动等的解说；

(四)展览馆、博物馆、纪念馆、科技馆等的讲解；

(五)面向公众服务的导游、播音、话务等。

第十一条　下列用字应当以规范汉字为基本用字：

(一)公文、公用印章、标牌、广告等用字；

(二)汉语文出版物、汉语信息处理和信息技术产品用字；

(三)影视屏幕用字；

(四)商品名称、包装说明、商标标识使用说明用字；

(五)地名、公共设施、企业事业组织名称用字；

(六)执照、票据、报表、病历、处方、体检报告用字；

(七)法律、法规规定的其他情形。

第十二条　社会用字提倡使用规范汉字。公共场所的手书题词、招牌等，已经使用和需要使用繁体字、异体字的，应当配放规范汉字标牌。

面向公众的标志牌匾使用外国文字并同时使用中文的，应当使用规范汉字。横行排列的应当上为中文，下为外文；竖行排列的右为中文，左为外文。

第十三条　普通话水平测试等级按照国家规定分为三级六等，最高等级为一级甲等，最低等级为三级乙等。

第十四条　下列人员的普通话水平应当分别达到以下等级标准：

(一)国家机关工作人员为三级甲等以上；

(二)学校及其他教育机构中的教师为二级乙等以上，其中语文、对外汉语教学教师、幼儿园教师为二级甲等以上，普通话语音教师和播音、主持、影视剧表演等专业教师为一级乙等以上；行政管理、教学辅助人员为三级甲等以上；

(三)播音员、节目主持人和影视话剧演员为一级乙等以上，其中省级广播电台、电视台的播音员和节目主持人为一级甲等；

(四)公共服务行业的播音、解说、话务、导游等特定岗位人员为二级乙等以上；

(五)高等院校和中等职业学校的毕业生为二级乙等以上。

对前款所列人员尚未达到规定的普通话等级标准的，其所在单位应当分别情况进行培训，使其逐步达到规定的等级标准。

第十五条　国家机关、学校、新闻媒体在新录(聘)用有关岗位人员时，应当考核录

(聘)用人员的普通话水平。

第十六条 省人民政府语言文字工作部门管理全省普通话水平测试工作，组织具有普通话水平测试能力的机构进行普通话水平测试，颁发普通话水平测试等级证书。

普通话水平测试执行国家《普通话水平测试管理规定》。

第十七条 建立国家通用语言文字使用与管理的评估制度。评估的办法由省人民政府制定。

第十八条 县级以上人民政府及其语言文字工作部门对在国家通用语言文字推广、研究和管理工作中做出显著成绩的组织和个人，应当予以表彰和奖励。

第十九条 语言文字工作部门和其他有关部门及其工作人员应当依法履行职责；滥用职权或者不履行法定职责的，对直接负责的主管人员和其他直接责任人员依法给予处分。

测试工作人员违反测试规定的，测试机构予以批评教育，情节严重的，提请其所在单位给予行政处分，有关语言文字工作部门可以取消其测试工作资格。

应试人违反测试规定，弄虚作假的，测试机构取消其测试成绩，情节严重的，提请其所在单位给予行政处分。

第二十条 以普通话为工作语言的国家机关工作人员、教师、播音员、节目主持人和影视话剧演员，违反本办法有关规定的，由其所在单位或上级主管部门予以批评教育；拒不改正的，由有关单位作出处理。

第二十一条 城市公共场所的设施、招牌、广告用字违反本办法有关规定的，由县级以上人民政府有关行政管理部门责令改正；拒不改正的，予以警告，并督促其限期改正。

第二十二条 本办法自2006年10月1日起施行。

附录C　教育部、国家语委关于开展语言文字规范化示范校创建活动的意见

教语用〔2004〕4号

为贯彻落实《中华人民共和国国家通用语言文字法》和《中共中央国务院关于深化教育改革全面推进素质教育的决定》，实施国务院批转的教育部《2003—2007年教育振兴行动计划》中关于加强语言文字规范化工作，优化国家通用语言文字应用环境的相关内容和要求，教育部、国家语委决定开展语言文字规范化示范校（以下简称“示范校”）创建活动。为使这项活动规范、有序、健康开展，特提出如下意见：

一、充分认识示范校创建活动的意义

1. 普及国家通用语言文字，促进语言文字应用规范化，是保证社会高效运转和提高社会信息化水平的必要条件，符合我国先进生产力的发展要求、先进文化的前进方向和最广大人民的根本利益，是实现党的十六大提出的全面建设小康社会、推进中华民族伟大复兴宏伟目标的基础性工作之一。开展示范校创建活动，就是要进一步提升学校语言文字工作的整体水平，推动学校在全社会更好地发挥基础作用和积极影响。

2. 普及普通话和语言文字规范化是素质教育的重要内容。充分发挥教育教学的主渠道作用，对学生进行国家通用语言文字教育，使学生具备良好的语言文字应用能力，是造就数以亿计高素质劳动者、数以千万计专门人才和一大批拔尖创新人才的需要。开展示范校创建活动，对于全面推进素质教育、提高青少年人文素养具有重要意义。

3. 近年来，各地及各级各类学校不断加大工作力度，把普及普通话和语言文字规范化的要求纳入培养目标，纳入管理常规，纳入基本功训练，渗透到德智体美和社会实践等各项教育教学活动中，积累了大量经验，涌现出很多语言文字工作成绩突出的学校。开展示范校创建活动，有利于鼓励先进，推广经验，带动更多的学校共同推进和提高，以确保“2010年以前在全国范围内普通话初步普及、社会用字基本规范”的目标如期实现。

二、示范校创建活动的基本目标

示范校创建活动的基本目标是：在各级各类学校全面推行国家通用语言文字，以普通话和规范汉字作为教育教学的基本用语用字，城镇学校普遍实现普通话成为校园语言的基础上，用5年时间，建设一批国家级示范校和省级示范校。通过示范校创建活动，使《国家通用语言文字法》和国家语言文字方针政策、规范标准在教育系统广为知晓，各级各类学校形成与教育教学融为一体的语言文字工作机制，广大师生员工的语言文字规范意识普遍增强，学生的语言文字应用能力普遍提高。

三、国家级示范校的基本要求

国家级示范校应是普通话成为校园语言，教学和校园环境用字规范程度高，长期以来在“三纳入一渗透”方面取得显著成绩的学校。基本要求是：

1. 学校领导班子在贯彻国家语言文字法律法规、方针政策和规范标准方面认识明确，学校有健全的语言文字工作机构、制度、机制，在语言文字工作制度化、规范化、科学化方面成绩突出。

2. 干部和教师了解国家语言文字法律法规、方针政策、规范标准，师生员工有较高的语言文字规范意识。

3. 高度重视教师语言文字基本功训练，教师和行政人员普通话水平全面达标且整体水平明显高于一般学校；学生能说标准或比较标准的普通话，熟练掌握和使用应知应会的规范汉字，熟练运用汉语拼音。

4. 各科教学均重视培养学生的语言文字规范意识和应用能力，语文教学注重听说读写能力全面培养，在口语教学、写字教学及考查和把语言文字规范化教育同现代信息技术教育相结合方面有探索、有特色、有经验。师范专业及其他与口语表达密切相关专业重视学生语言文字基本功训练，坚持把普通话水平达标列入学生毕业条件，学生普通话水平在普遍达标的基础上有较高的一级达标率。高等学校相关专业在语言文字应用研究方面有高水平研究成果。

5. 校园有良好的语言文字环境，师生员工在教育教学、会议和集体活动中均能自觉使用普通话和规范汉字，公文、印章、自编教材、教辅读物、教学软件以及标牌、橱窗、墙报等环境用字规范，校办报刊、广播、电视、网络用语用字规范程度高。

6. 普及普通话和语言文字规范化宣传教育经常化并融入校园文化建设中，形式多样，内容丰富，有较强的吸引力和教育效果。积极参与全国推广普通话宣传周等社会宣传活动，对社会普及普通话和语言文字规范化工作做出贡献。

7. 以少数民族语言为主要教学语言的学校依法教学国家通用语言文字，在推广普通话、加强汉语教学、汉语师资培训等方面成绩显著，以汉语为教学语言的教师全部达到省级教育行政部门规定的普通话达标要求，师生员工在校内应使用汉语的场合使用普通话。

四、示范校的产生

1. 示范校分为国家级示范校和省级示范校。国家级示范校在省级示范校中产生。

是否评定市级示范校，由省级教育行政部门、语言文字工作部门决定。

2. 省级教育行政部门、语言文字工作部门根据本通知精神，参照教育部、国家语委近年来制定的有关学校语言文字工作的文件和评估标准(目录见附件)，结合本省(自治区、直辖市)具体情况制定省级示范校的评估标准、操作办法和审批程序。尚未进行过示范校评定工作的省、自治区、直辖市可以先行试点，逐步推开。

3. 示范校应具有多方面代表性，既有普通中小学、幼儿园、中等职业学校、师范院校，也应有普通高等学校，既有全日制学校，也应有成人教育学校及其他教育单位，应当特别注重加强农村和少数民族地区的示范校创建工作。

4. 教育行政部门、语言文字工作部门按照标准评估认定示范校，并进行表彰奖励。

5. 省级示范校原则上 2—3 年命名一次。

6. 教育部直属高校的语言文字工作实行属地管理，参加所在省份的示范校创建和评选活动。

7. 国家级示范校由省级教育行政部门、语言文字工作部门从本省(自治区、直辖市)的省级示范校中选拔，并向教育部、国家语委申报。国家级示范校的申报名额和批准程序由教育部语言文字应用管理司另发。

五、加强领导，落实措施，推动示范校创建活动健康发展

1. 各级教育行政部门要将这项工作列入工作规划和议事日程，把开展示范校创建活动作为全面实施素质教育，不断提高教育教学质量的重要抓手。具体实施由语言文字工作部门牵头，政策法规、教育督导、师资培训、师范教育、基础教育、高等教育、职业教育、学前教育、成人教育等有关部门积极协作，督促各级各类学校做到语言文字工作有机构、有目标、有计划、有措施、有检查、有奖罚，积极开展示范校创建活动。

2. 为有效推动示范校创建活动，要求各级各类学校将普及普通话和语言文字规范化的要求纳入培养目标和常规管理之中；各级教育督导部门要将此要求列入督导指标，作为一项常规工作加强对学校的督促检查。各级教育行政部门要坚持将普通话水平达标作为教师资格认定和聘用条件之一，将教师普通话培训成绩与在教学中使用普通话和规范汉字的情况作为业务考核、职务晋级、评优评先的条件。对已取得普通话达标等级证书但普通话水平下降的教师，要进行再培训；对普通话达标后仍用方言进行教学的教师，要批评教育，拒不改正的，要做出相应处理。有条件的省市，应逐步提高青年教师的普通话等级达标要求。

3. 加强中小学普通话口语教学和汉字书写教学。按照新颁布的中小学课程标准要求，切实加强口语教学和写字训练。要组织力量，研制中小学口语和书写教学标准及考核办法，并认真进行试点和推广工作。省、市级教研部门的语文教研人员原则上应具备普通话水平测试员资格。

4. 加大宣传力度，动员所有学校积极参加示范校创建活动。要大力宣传开展示范校创建活动的意义和示范校先进经验。示范校创建活动要重在建设，重在过程，重在实效，切忌形式主义。命名的示范校应是公认的先进典型。命名后明显退步的，应撤销其示范校称号。

5. 各级教育行政部门和语言文字工作部门要做好自身的语言文字规范化工作，为学校师生作出表率。公务人员特别是各级领导干部要带头依法在公务活动中坚持说普通话，用规范字。机关公文、印章、标牌、橱窗、个人名片等要做到用字规范。1954 年 1 月 1 日以后出生的机关工作人员应接受普通话水平测试并达到三级甲等以上水平。

附件：《近年来有关学校语言文字工作的部分文件目录》(略)

教育部

国家语言文字工作委员会

二〇〇四年四月七日

附录D　中华人民共和国国家标准 汉语拼音正词法基本规则

(Basic rules of the Chinese phonetic alphabet orthography　2012-10-01 实施)

1　范围

本标准规定了用《汉语拼音方案》拼写现代汉语的规则。内容包括分词连写规则、人名地名拼写规则、标调规则、移行规则、标点符号使用规则等。为了适应特殊的需要，同时规定了一些变通规则。

本标准适用于文化教育、编辑出版、中文信息处理及其他方面的汉语拼音拼写。

2　规范性引用文件

下列文件对于本文件的应用是必不可少的。凡是注日期的引用文件，仅注日期的版本适用于本文件。凡是不注日期的引用文件，其最新版本(包括所有的修改单)适用于本文件。

GB/T 15834　标点符号用法

GB/T 28039　中国人名汉语拼音字母拼写规则

《汉语拼音方案》(1958 年 2 月 11 日第一届全国人民代表大会第五次会议批准)

《中国地名汉语拼音字母拼写规则(汉语地名部分)》(1984 年 12 月 25 日中国地名委员会、中国文字改革委员会、国家测绘局发布)

3　术语和定义

下列术语和定义适用于本文件。

3.1　词　word

语言里最小的、可以独立运用的单位。

3.2　汉语拼音方案　scheme for the Chinese phonetic alphabet

给汉字注音和拼写普通话语音的方案，1958 年 2 月 11 日第一届全国人民代表大会第五次会议批准。方案应采用拉丁字母，并用附加符号表示声调，是帮助学习汉字和推广普通话的工具。

3.3　汉语拼音正词法　the Chinese phonetie alphabet orthograhpy

汉语拼音的拼写规范及其书写格式的准则。

4　制定原则

4.1　本标准是在《汉语拼音方案》确定的音节拼写规则的基础上进一步规定的词的拼写规则。

4.2　以词为拼写单位，适当考虑语音、语义等因素，并兼顾词的拼写长度。

4.3　按语法词类分节规定分词连写规则。

5　总则

5.1　拼写普通话基本上以词为书写单位。例如：

rén(人) pǎo(跑) hǎo(好) nǐ(你) sān(三) gè(个)
hěn(很) bǎ(把) hé(和) de(的) ā(啊) pēng(砰)
fúróng(芙蓉) qiǎokèlì(巧克力) māma(妈妈)
péngyǒu(朋友) yuèdú(阅读) wǎnhuì(晚会)
zhòngshì(重视) dìzhèn(地震) niánqīng(年轻)
qiānmíng(签名) shìwēi(示威) niǔzhuǎn(扭转)
chuánzhī(船只) dànshì(但是) fēicháng(非常)
dīngdōng(叮咚) āiyā(哎呀) diànshìjī(电视机)
túshūguǎn(图书馆)

5.2 表示一个整体概念的双音节和三音节结构，连写。例如：

quánguó(全国) zǒulái(走来) dǎnxiǎo(胆小)
huánbǎo(环保) gōngguān(公关) chángyòngcí(常用词)
àiniǎozhōu(爱鸟周) yǎnzhōngdīng(眼中钉) èzuòjù(恶作剧)
pòtiānhuāng(破天荒) yīdāoqiē(一刀切) duìbuqǐ(对不起)
chīdexiāo(吃得消)

5.3 四音节及四音节以上表示一个整体概念的名称，按词或语节(词语内部由语音停顿而划分成的片段)分写，不能按词或语节划分的，全都连写。例如：

wúfèng gāngguǎn(无缝钢管)
huánjìng bǎohù guīhuà(环境保护规划)
jīngtǐguǎn gōnglǜ fàngdàqì(晶体管功率放大器)
Zhōnghuá Rénmín Gònghéguó(中华人民共和国)
Zhōngguó Shèhuì Kēxuéyuàn(中国社会科学院)
yánjiūshēngyuàn(研究生院)
hóngshízìhuì(红十字会)
yúxīngcǎosù(鱼腥草素)
gāoměngsuānjiǎ(高锰酸钾)
gǔshēngwùxuéjiā(古生物学家)

5.4 单音节词重叠，连写；双音节词重叠，分写。例如：

rénrén(人人) niánnián(年年)
kànkan(看看) shuōshuo(说说)
dàdà(大大) hónghóngde(红红的)
gègè(个个) tiáotiáo(条条)
yánjiū yánjiū(研究研究) shāngliang shāngliang(商量商量)
xuěbái xuěbái(雪白雪白) tōnghóng tōnghóng(通红通红)

重叠并列即 AABB 式结构，连写。例如：

láilaiwǎngwǎng(来来往往) shuōshuoxiàoiào(说说笑笑)
qīngqīngchǔchǔ(清清楚楚) wānwānqūqū(弯弯曲曲)

fāngfāngmiànmiàn（方方面面）　qiānqiānwànwàn（千千万万）

5.5　单音节前附成分（副、总、非、反、超、老、阿、可、无、半等）或单音节后附成分（子、儿、头、性、者、员、家、手、化、们等）与其他词语，连写。例如：

fùbùzhǎng（副部长）　zǒnggōngchéngshī（总工程师）
fùzǒnggōngchéngshī（副总工程师）　fēijīnshǔ（非金属）
fēiyèwù rényuán（非业务人员）　fǎndàndào dǎodàn（反弹道导弹）
chāoshēngbō（超声波）　lǎohǔ（老虎）
āyí（阿姨）　kěnìfǎnyìng（可逆反应）
wútiáojiàn（无条件）　bàndǎotǐ（半导体）
zhuōzi（桌子）　jīnr（今儿）
quántou（拳头）　kēxuéxìng（科学性）
shǒugōngyèzhě（手工业者）　chéngwùyuán（乘务员）
yìshùjiā（艺术家）　tuōlājīshǒu（拖拉机手）
xiàndàihuà（现代化）　háizimen（孩子们）

5.6　为了便于阅读和理解，某些并列的词、语素之间或某些缩略语当中可用连接号。例如：

bā-jiǔ tiān（八九天）　shíqī-bā suì（十七八岁）
rén-jī duìhuà（人机对话）　zhōng-xiǎoxué（中小学）
lù-hǎi-kōngjūn（陆海空军）　biànzhèng-wéiwùzhǔyì（辩证唯物主义）
Cháng-Sānjiǎo（长三角[长江三角洲]）　Hù-Níng-Háng dìqū（沪宁杭地区）
Zhè-Gàn xiàn（浙赣线）　Jīng-Zàng gāosù gōnglù（京藏高速公路）

6　基本规则

6.1　分词连写规则

6.1.1　名词

6.1.1.1　名词与后面的方位词，分写。例如：

shān shàng（山上）　shù xià（树下）
mén wài（门外）　mén wàimian（门外面）
hé li（河里）　hé lǐmian（河里面）
huǒchē shàngmian（火车上面）　xuéxiào pángbiān（学校旁边）
Yǒngdìng Hé shàng（永定河上）　Huáng Hé yǐnán（黄河以南）

6.1.1.2　名词与后面的方位词已经成词的，连写。例如：

tiānshang（天上）　dìxia（地下）
kōngzhōng（空中）　hǎiwài（海外）

6.1.2　动词

6.1.2.1　动词与后面的动态助词"着"、"了"、"过"，连写。例如：

kànzhe（看着）　tǎolùn bìng tōngguòle（讨论并通过了）
jìnxíngguo（进行过）

6.1.2.2　句末的“了”兼做语气助词，分写。例如：

Zhè běn shū wǒ kàn le.（这本书我看了。）

6.1.2.3　动词与所带的宾语，分写。例如：

kàn xìn（看信）　　chī yú（吃鱼）

kāi wánxiào（开玩笑）　　jiāoliú jīngyàn（交流经验）

动宾式合成词中间插入其他成分的，分写。

jūle yī gè gōng（鞠了一个躬）　　lǐguo sān cì fà（理过三次发）

6.1.2.4　动词（或形容词）与后面的补语，两者都是单音节的，连写；其余的情况，分写。例如：

gǎohuài（搞坏）　　dǎsǐ（打死）

shútòu（熟透）　　jiànchéng（建成[楼房]）

huàwéi（化为[蒸气]）　　dàngzuò（当作[笑话]）

zǒu jìnlai（走进来）　　zhěnglǐ hǎo（整理好）

jiànshè chéng（建设成[公园]）　　gǎixiě wéi（改写为[剧本]）

6.1.3　形容词

6.1.3.1　单音节形容词与用来表示生动形式的前附成分或后加成分，连写。例如：

mēngmēngliàng（蒙蒙亮）　　liàngtángtáng（亮堂堂）

hēigūlōngdōng（黑咕隆咚）

6.1.3.2　形容词与后面的“些”“一些”“点儿”“一点儿”，分写。例如：

dà xiē（大些）　　dà yīxiē（大一些）

kuài diǎnr（快点儿）　　kuài yīdiǎnr（快一点儿）

6.1.4　代词

6.1.4.1　人称代词、疑问代词与其他词语，分写。例如：

Wǒ ài zhōngguó.（我爱中国。）　　Tāmen huílái le.（他们回来了。）

Shéi shuō de?（谁说的?）　　Qù nǎlǐ?（去哪里?）

6.1.4.2　指示代词“这”、“那”，疑问代词“哪”与后面的名词或量词，分写。例如：

zhè rén（这人）　　nà cì huìyì（那次会议）

zhè zhī chuán（这只船）　　nǎ zhāng bàozhǐ（哪张报纸）

指示代词“这”、“那”疑问代词“哪”与后面的“点儿”、“般”、“边”、“时”、“会儿”，连写。例如：

zhèdiǎnr（这点儿）　　zhèbān（这般）

zhèbiān（这边）　　nàshí（那时）

nàhuìr（那会儿）

6.1.4.3　“各”、“每”、“某”、“本”、“该”、“我”、“你”等与后面的名词或量词，分写。例如：

gè guó（各国）　　gè rén（各人）

gè xuékē（各学科）　　měi nián（每年）

měi cì(每次) mǒu rén(某人)
mǒu gōngchǎng(某工厂) běn shì(本市)
běn bùmén(本部门) gāi kān(该刊)
gāi gōngsī(该公司) wǒ xiào(我校)
nǐ dānwèi(你单位)

6.1.5 数词和量词

6.1.5.1 汉字数字用汉语拼音拼写，阿拉伯数字则仍保留阿拉伯数字写法。例如：

èr líng líng bā nián(二〇〇八年) èr fēn zhī yī(二分之一)
wǔ yòu sì fēn zhī sān(五又四分之三) sān diǎn yī sì yī liù(三点一四一六)
líng diǎn liù yī bā(零点六一八) 635fēn jī(635 分机)

6.1.5.2 十一到九十九之间的整数，连写。例如：

shíyī(十一) shíwǔ(十五)
sānshísān(三十三) jiǔshíjiǔ(九十九)

6.1.5.3 “百”、“千”、“万”、“亿”与前面的个位数，连写；“万”、“亿”与前面的十位以上的数，分写。当前面的数词为“十”时，也可连写。例如：

shí yì líng qīwàn èrqiān sānbǎi wǔshíliù/shíyì líng qīwàn èrqiān sānbǎi wǔshíliù
(十亿零七万二千三百五十六)
liùshísān yì qīqiān èrbǎi liùshíbā wàn sìqiān líng jiǔshíwǔ
(六十三亿七千二百六十八万四千零九十五)

6.1.5.4 数词与前面表示序数的“第”中间，加连接号。例如：

dì-yī(第一) dì-shísān(第十三)
dì-èrshíbā(第二十八) dì-sānbǎi wǔshíliù(第三百五十六)

数词(限于“一”至“十”)与前面表示序数的“初”，连写。例如：

chūyī(初一) chūshí(初十)

6.1.5.5 代表月日的数词，中间加连接号。例如：

wǔ-sì(五四) yīèr-jiǔ(一二·九)

6.1.5.6 数词和量词，分写。例如：

liǎng gè rén(两个人) yī dà wǎn fàn(一大碗饭)
liǎng jiān bàn wūzi(两间半屋子) kàn liǎng biàn(看两遍)

数量、量词与表示约数的“多”、“来”、“几”，分写。例如：

yībǎi duō gè(一百多个) shí lái wàn rén(十来万人)
jǐ jiā rén(几家人) jǐ tiān gōngfu(几天工夫)

“十几”、“几十”，连写。例如：

shíjǐ gè rén(十几个人) jǐshí gēn gāngguǎn(几十根钢管)

两个邻近的数字或表位数的单位并列表示约数，中间加连接号。例如：

sān-wǔ tiān(三五天) qī-bā gè(七八个)
yì-wàn nián(亿万年) qiān-bǎi cì(千百次)

复合量词内各并列成分连写。例如：

réncì(人次)　qiānwǎxiǎoshí(千瓦小时)

dūngōnglǐ(吨公里)　qiānkèmǐmiǎo(千克·米/秒)

6.1.6　副词

副词与后面的词语，分写。例如：

hěn hǎo(很好)　dōu lái(都来)

gèng měi(更美)　zuì dà(最大)

bù lái(不来)　bù hěn hǎo(不很好)

gānggāng zǒu(刚刚走)　fēicháng kuài(非常快)

shífēn gǎndòng(十分感动)

6.1.7　介词

介词与后面的其他词语，分写。例如：

zài qiánmiàn zǒu(在前面走)　xiàng dōngbiān qù(向东边去)

wèi rénmín fúwù(为人民服务)　cóng zuótiān qǐ(从昨天起)

bèi xuǎnwéi dàibiǎo(被选为代表)　shēng yú 1940 nián(生于 1940 年)

guānyú zhège wèntí(关于这个问题)　cháozhe xiàbian kàn(朝着下边看)

6.1.8　连词

连词与其他词语，分写。例如：

gōngrén hé nóngmín (工人和农民)　tóngyì bìng yōnghù(同意并拥护)

guāngróng ér jiānjù(光荣而艰巨)　búdàn kuài érqiě hǎo(不但快而且好)

Nǐ lái háishì bùlái?(你来还是不来?)

Rú guǒ xià dà yǔ, bǐ sài jiù tuī chí.(如果下大雨，比赛就推迟。)

6.1.9　助词

6.1.9.1　结构助词“的”、“地”、“得”、“之”、“所”等与其他词语，分写。其中，“的”、“地”、“得”前面的词是单音节的，也可连写。例如：

dàdì de nǚ'er(大地的女儿)

Zhè shì wǒ de shū. /Zhè shì wǒde shū.(这是我的书。)

Wǒmen guòzhe xìngfú de shēnghuó.(我们过着幸福的生活。)

Shāngdiàn li bǎimǎnle chī de, chuān de, yòng de./Shāngdiàn li bǎimǎnle chīde, chuānde, yòngde.(商店里摆满了吃的、穿的、用的。)

mài qīngcài luóbo de(卖青菜萝卜的)

Tā zài dàjiē shàng mànman de zǒu.(他在大街上慢慢地走。)

Tǎnbai de gàosu nǐ ba.(坦白地告诉你吧。)

Tā yī bù yī gè jiǎoyìnr de gōngzuòzhe.(他一步一个脚印儿地工作着。)

dǎsǎo de gānjìng(打扫得干净)　xiě de bù hǎo/xiěde bù hǎo(写得不好)

hóng de hěn/hóngde hěn(红得很)　lěng dé fādǒu/lěngdé fā dǒu(冷得发抖)

shàonián zhī jiā(少年之家)　zuì fādá de guójiā zhī yī(最发达的国家之一)

jù wǒ suǒ zhī(据我所知)

bèi yīngxióng de shìjì suǒ gǎndòng(被英雄的事迹所感动)

6.1.9.2　语气助词与其他词语，分写。例如：

Nǐ zhīdào ma?（你知道吗?）

Zěnme hái bù lái a?（怎么还不来啊?）

Kuài qù ba!（快去吧!）

Tā yīdìng huì lái de.（他一定会来的。）

Huǒchē dào le.（火车到了。）

Tā xīnli míngbai，zhǐshì bù shuō bàle.（他心里明白，只是不说罢了。）

6.1.9.3　动态助词

动态助词主要有“着”、“了”、“过”。见 6.1.2.1 的规定。

6.1.10　叹词

叹词通常独立于句法结构之外，与其他词语分写。例如：

À! Zhēn měi!（啊！真美!）

Ńg，nǐ shuō shénme?（嗯，你说什么?）

Hng，zǒuzhe qiáo ba!（哼，走着瞧吧!）

Tīng míngbai le ma? Wèi!（听明白了吗？喂!）

Āiyā，wǒ zěnme bù zhīdào ne!（哎呀，我怎么不知道呢!）

6.1.11　拟声词

拟声词与其他词语，分写。例如：

“hōnglōng”yī shēng(“轰隆”一声)

chánchán liúshuǐ(潺潺流水)

mó dāo huòhuò(磨刀霍霍)

jījīzhāzhā jiào gè bù tíng(叽叽喳喳叫个不停)

Dà gōngjī wowo tí.（大公鸡喔喔啼。）

“Dū—”，qìdí xiǎng le.（“嘟——”，汽笛响了。）

Xiǎoxī huāhuā de liútǎng.（小溪哗哗地流淌。）

6.1.12　成语和其他熟语

6.1.12.1　成语通常作为一个语言单位使用，以四字文言语句为主。结构上可以分为两个双音节的，中间加连接号。例如：

fēngpíng-làngjìng(风平浪静)　　àizèng-fēnmíng(爱憎分明)

shuǐdào-qúchéng(水到渠成)　　yángyáng-dàguān(洋洋大观)

píngfēn-qiūsè(平分秋色)　　guāngmíng-lěiluò(光明磊落)

diānsān-dǎosì(颠三倒四)

结构上不能分为两个双音节的，全部连写。例如：

céngchūbùqióng(层出不穷)　　bùyìlèhū(不亦乐乎)

zǒng'éryánzhī(总而言之)　　àimònéngzhù(爱莫能助)

yīyīdàishuǐ(一衣带水)

6.1.12.2　非四字成语和其他熟语内部按词分写。例如：

bēi hēiguō(背黑锅)

yī bíkǒng chū qìr(一鼻孔出气儿)

bā gānzi dǎ bù zháo(八竿子打不着)

zhǐ xǔ zhōuguān fàng huǒ, bù xǔ bǎixìng diǎn dēng(只许州官放火，不许百姓点灯)

xiǎocōng bàn dòufu——yīqīng-èrbái (小葱拌豆腐——一清二白)

6.2　人名地名拼写规则

6.2.1　人名拼写

6.2.1.1　汉语人名中的姓和名分写，姓在前，名在后。复姓连写。双姓中间加连接号。姓和名的首字母分别大写，双姓两个字首字母都大写。笔名、别名等，按姓名写法处理。例如：

Lǐ Huá(李华)　　Wáng Jiànguó(王建国)

Dōngfāng Shuò(东方朔)　　Zhūgě Kǒngmíng(诸葛孔明)

Zhāng-Wáng shūfāng(张王淑芳)　　Lǔ Xùn(鲁迅)

Méi Lánfāng(梅兰芳)　　Zhāng Sān(张三)

Wáng Mázi(王麻子)

6.2.1.2　人名与职务、称呼等，分写；职务、称呼等首字母小写。例如：

Wáng bùzhǎng(王部长)　　Tián zhǔrèn(田主任)

Wú kuàijì(吴会计)　　Lǐ xiānsheng(李先生)

Zhào tóngzhì(赵同志)　　Liú lǎoshī(刘老师)

Dīng xiōng(丁兄)　　Zhāng mā(张妈)

Zhāng jūn(张君)　　Wú lǎo(吴老)

Wáng shì(王氏)　　Sūn mǒu (孙某)

Guóqiáng tóngzhì(国强同志)　　Huìfāng āyí(慧芳阿姨)

6.2.1.3　“老”、“小”、“大”、“阿”等与后面的姓、名、排行，分写，分写部分的首字母分别大写。例如：

Xiǎo Liú(小刘)　　Lǎo Qián(老钱)

Lǎo Zhāngtóur(老张头儿)　　Dà Lǐ(大李)

Ā Sān(阿三)

6.2.1.4　已经专名化的称呼，连写，开头大写。例如：

Kǒngzǐ(孔子)　　Bāogōng(包公)

Xīshī(西施)　　Mèngchángjūn(孟尝君)

6.2.2　地名拼写

6.2.2.1　汉语地名中的专名和通名，分写，每一分写部分的首字母大写。例如：

Běijīng Shì(北京市)　　Héběi Shěng(河北省)

Yālù Jiāng(鸭绿江)　　Tài Shān(泰山)

Dòngtíng Hú(洞庭湖)　　Táiwān Hǎixiá(台湾海峡)

6.2.2.2　专名和通名的附加成分，如是单音节的，与其相关部分连写。例如：

Xīliáo Hé(西辽河)

Jǐngshān Hòujiē(景山后街)

Cháoyángménnèi Nánxiǎojiē(朝阳门内南小街)

Dōngsì Shítiáo(东四十条)

6.2.2.3　已专名化的地名不再区分专名和通名，各音节连写。例如：

Hēilóngjiāng(黑龙江[省])　　Wángcūn(王村[镇])

Jiǔxiānqiáo(酒仙桥[医院])

不需区分专名和通名的地名，各音节连写。例如：

Zhōukǒudiàn(周口店)　　Sāntányìnyuè(三潭印月)

6.2.3　非汉语人名、地名的汉字名称，用汉语拼音拼写。例如：

Wūlánfū(乌兰夫，Ulanhu)

Jièchuān Lóngzhījiè(芥川龙之介，Akutagawa Ryunosuke)

Āpèi Āwàngjìnměi(阿沛·阿旺晋美，Ngapoi Ngawang Jigme)

Mǎkèsī(马克思，Marx)　　Wūlǔmùqí(乌鲁木齐，Urumqi)

Lúndūn(伦敦，London)　　Dōngjīng(东京，Tokyo)

6.2.4　人名、地名拼写的详细规则，遵循GB/T 28039《中国人名汉语拼音字母拼写规则》《中国地名汉语拼音字母拼写规则(汉语地名部分)》。

6.3　大写规则

6.3.1　句子开头的字母大写。例如：

Chūntiān lái le.(春天来了。)

Wǒ ài wǒ de jiāxiāng.(我爱我的家乡。)

诗歌每行开头的字母大写。例如：

《Yǒude rén》(《有的人》)　　Zāng Kèjiā(臧克家)

Yǒude rén huózhe,(有的人活着，)

Tā yǐjīng sǐ le;(他已经死了；)

Yǒude rén sǐ le,(有的人死了，)

Tā hái huózhe.(他还活着。)

6.3.2　专有名词的首字母大写。例如：

Běijīng(北京)　　Chángchéng(长城)

Qīngmíng(清明)　　Jǐngpōzú(景颇族)

Fēilǜbīn(菲律宾)

由几个词组成的专有名词，每个词的首字母大写。例如：

Guójì Shūdiàn(国际书店)

Hépíng Bīnguǎn(和平宾馆)

Guāngmíng Rìbào(光明日报)

Guójiā Yǔyán Wénzì Gōngzuò Wěiyuánhuì(国家语言文字工作委员会)

在某些场合，专有名词的所有字母可全部大写。例如：

XIÀNDÀI HÀNYǓ CÍDIǍN(现代汉语词典)

BĚIJĪNG(北京)

LǏ HUÁ(李华)

DŌNGFĀNG SHUÒ(东方朔)

6.3.3　专有名词成分与普通名词成分连写在一起，是专有名词或视为专有名词的，首字母大写。例如：

Míngshǐ(明史)　　Hànyǔ(汉语)

Yuèyǔ(粤语)　　Guǎngdōnghuà(广东话)

Fójiào(佛教)　　Tángcháo(唐朝)

专有名词成分与普通名词成分连写在一起，是一般语词或视为一般语词的，首字母小写。例如：

guǎnggān(广柑)　　jīngjù(京剧)

ējiāo(阿胶)　　zhōngshānfú(中山服)

chuānxiōng(川芎)　　zàngqīngguǒ(藏青果)

zhāoqín-mùchǔ(朝秦暮楚)　　qiánlǘzhījì(黔驴之技)

6.3　缩写规则

6.4.1　连写的拼写单位(多音节词或连写的表示一个整体概念的结构)，缩写时取每个汉字拼音的首字母，大写并连写。例如：

Běijīng(缩写：BJ)(北京)　　ruǎnwò(缩写：RW)(软卧)

6.4.2　分写的拼写单位(按词或语节分写的表示一个整体概念的结构)，缩写时以词或语节为单位取首字母，大写并连写。例如：

guójiā biāozhǔn(缩写：GB)(国家标准)

hànyǔ shuǐpíng kǎoshì(缩写：HSK)(汉语水平考试)

pǔtōnghuà shuǐpíng cèshì(缩写：PSC)(普通话水平测试)

6.4.3　为了给汉语拼音的缩写形式做出标记，可在每个大写字母后面加小圆点。例如：

Běijīng(北京)也可以缩写：B.J.

guójiā biāozhǔn(国家标准)也可以缩写：G.B.

6.4.4　汉语人名的缩写，姓全写，首字母大写或每个字母大写；名取每个汉字拼音的首字母，大写，后面加小圆点。例如：

Lǐ Huá(缩写：Lǐ H. 或 LǏ H.)(李华)

Wáng Jiànguó(缩写：Wáng J.G. 或 WÁNG J.G.)(王建国)

Dōngfāng Shuò(缩写：Dōngfāng S. 或 DŌNGFĀNG S.)(东方朔)

Zhūgě Kǒngmíng(缩写：Zhūgě K.M. 或 ZHŪGĚ K.M.)(诸葛孔明)

6.5 标调规则

6.5.1 声调符号标在一个音节的主要元音(韵腹)上。韵母 iu，ui，声调符号标在后面的字母上面。在 i 上标声调符号，应省去 i 上的小点。例如：

āyí(阿姨) cèlüè(策略)
dàibiǎo(代表) guāguǒ(瓜果)
huáishù(槐树) kǎolǜ(考虑)
liúshuǐ(流水) xīnxiān(新鲜)

轻声音节不标声调。例如：

zhuāngjia(庄稼) qīngchu(清楚)
kàndeqǐ(看得起)

6.5.2 “一”、“不”一般标原调，不标变调。例如：

yī jià(一架) yī tiān(一天) yī tóu(一头)
yī wǎn(一碗) bù qù(不去) bù duì(不对)
bùzhìyú(不至于)

在语言教学等方面，可根据需要按变调标写。例如：

yī tiān(一天)可标为 yì tiān，bù duì(不对)可标为 bú duì。

6.5.3 ABB、AABB 形式的词语，BB 一般标原调，不标变调。例如：

lǜyóuyóu(绿油油) chéndiàndiàn(沉甸甸)
hēidòngdòng(黑洞洞) piàopiàoliàngliàng(漂漂亮亮)

有些词语的 BB 有语言实际中只读变调，则标变调。例如：

hóngtóngtóng(红彤彤) xiāngpēnpēn(香喷喷)
huángdēngdēng(黄澄澄)

6.5.4 在某些场合，专有名词的拼写，也可不标声调。例如：

Li Hua(缩写：Li H. 或 LI H.)(李华) Beijing(北京)
RENMIN RIBAO(人民日报) WANGFUJING DAJIE(王府井大街)

6.5.5 除了《汉语拼音方案》规定的符号标调法以外，在技术处理上，也可采用数字、字母等标明声调，如采用阿拉伯数字 1、2、3、4、0 分别表示汉语四声和轻声。

6.6 移行规则

6.6.1 移行要按音节分开，在没有写完的地方加连接号。音节内部不可拆分。例如：

guāngmíng (光明)移作“……guāng-
míng ”(光明)
不能移作“……gu-
āngmíng ”(光明)。

缩写词(如 GB，HSK，汉语人名的缩写部分)不可移行。

Wáng J. G. (王建国)移作“……Wáng
J. G. ”(王建国)

不能移作“……Wáng J.-
G.”(王建国)。
6.6.2 音节前有隔音符号，移行时，去掉隔音符号，加连接号。例如：
Xī’ān(西安)移作“……Xī-
ān”(西安)
不能移作“……Xī’-
ān”(西安)。
6.6.3 在有连接号处移行时，末尾保留连接号，下行开头补加连接号。例如：
chēshuǐ-mǎlóng(车水马龙)移作“……chēshuǐ-
-mǎlóng”(车水马龙)
6.7 标点符号使用规则
汉语拼音拼写时，句号使用小圆点“.”，连接号用半字线“-”，省略号也可使用3个小圆点“…”，顿号也可用逗号“,”代替，其他标点符号遵循GB/T 15834的规定。

7 变通规则

7.1 根据识字需要(如小学低年级和幼儿汉语识字读物)，可按字注音。
7.2 辞书注音需要显示成语及其他词语内部结构时，可按词或语素分写。例如：

chīrén shuō mèng(痴人说梦)　　wèi yǔ chóumóu(未雨绸缪)
shǒu kǒu rú píng(守口如瓶)　　Hēng-Hā èr jiàng(哼哈二将)
Xī Liáo Hé(西辽河)　　Nán-Běi Cháo(南北朝)

7.3 辞书注音为了提示轻声音节，音节前可标中圆点。例如：

zhuāng · jia(庄稼)　　qīng · chu(清楚)
kàn · deqǐ(看得起)

如是轻重两读，音节上仍标声调。例如：

hóu · lóng(喉咙)　　zhī · dào(知道)
tǔ · xīngqì(土腥气)

7.4 在中文信息处理方面，表示一个整体概念的多音节结构，可全部连写。例如：
guómínshēngchǎnzǒngzhí(国民生产总值)
jìsuànjītǐcéngchéngxiàngyí(计算机体层成像仪)
shìjièfēiwùzhìwénhuàyíchǎn(世界非物质文化遗产)

附录E　中华人民共和国国家标准 标点符号用法

（General rules for punctuation　2012-06-01 实施）

1　范围

本标准规定了现代汉语标点符号的用法。

本标准适用于汉语的书面语（包括汉语和外语混合排版时的汉语部分）。

2　术语和定义

下列术语和定义适用于本文件。

2.1　标点符号 punctuation

辅助文字记录语言的符号，是书面语的有机组成部分，用来表示语句的停顿、语气以及标示某些成分（主要是词语）的特定性质和作用。

注：数学符号、货币符号、校勘符号、辞书符号、注音符号等特殊领域的专门符号不属于标点符号。

2.2　句子 sentence

前后都有较大停顿、带有一定的语气和语调、表达相对完整意义的语言单位。

2.3　复句 complex sentence

由两个或多个在意义上有密切关系的分句组成的语言单位，包括简单复句（内部只有一层语义关系）和多重复句（内部包含多层语义关系）。

2.4　分句 clause

复句内两个或多个前后有停顿、表达相对完整意义、不带有句末语气和语调、有的前面可添加关联词语的语言单位。

2.5　语段 expression

指语言片段，是对各种语言单位（如词、短语、句子、复句等）不做特别区分时的统称。

3　标点符号的种类

3.1　点号

点号的作用是点断，主要表示停顿和语气。分为句末点号和句内点号。

3.1.1　句末点号

用于句末的点号，表示句末停顿和句子的语气。包括句号、问号、叹号。

3.1.2　句内点号

用于句内的点号，表示句内各种不同性质的停顿。包括逗号、顿号、分号、冒号。

3.2　标号

标号的作用是标明，主要标示某些成分（主要是词语）的特定性质和作用。包括引号、括号、破折号、省略号、着重号、连接号、间隔号、书名号、专名号、分隔号。

4　标点符号的定义、形式和用法

4.1　句号

4.1.1　定义

句末点号的一种，主要表示句子的陈述语气。

4.1.2　形式

句号的形式是“。”。

4.1.3　基本用法

4.1.3.1　用于句子末尾，表示陈述语气。使用句号主要是根据语段前后有较大停顿、带有陈述语气和语调，并不取决于句子的长短。

示例1：北京是中华人民共和国的首都。

示例2：(甲：咱们走着去吧?)乙：好。

4.1.3.2　有时也可表示较缓和的祈使语气和感叹语气。

示例1：请您稍等一下。

示例2：我不由地感到，这些普通劳动者也是同样很值得尊敬的。

4.2　问号

4.2.1　定义

句末点号的一种，主要表示句子的疑问语气。

4.2.2　形式

问号的形式是“?”。

4.2.3　基本用法

4.2.3.1　用于句子末尾，表示疑问语气(包括反问、设问等疑问类型)。使用问号主要根据语段前后有较大停顿、带有疑问语气和语调，并不取决于句子的长短。

示例1：你怎么还不回家去呢?

示例2：难道这些普通的战士不值得歌颂吗?

示例3：(一个外国人，不远万里来到中国，帮助中国的抗日战争。)这是什么精神?这是国际主义的精神。

4.2.3.2　选择问句中，通常只在最后一个选项的末尾用问号，各个选项之间一般用逗号隔开。当选项较短且选项之间几乎没有停顿时，选项之间可不用逗号。当选项较多或较长，或有意突出每个选项的独立性时，也可每个选项之后都用问号。

示例1：诗中记述的这场战争究竟是真实的历史描述，还是诗人的虚构?

示例2：这是巧合还是有意安排?

示例3：要一个什么样的结尾：现实主义的?传统的?大团圆的?荒诞的?民族形式的?有象征意义的?

示例4：(他看着我的作品称赞了我。)但到底是称赞我什么：是有几处画得好?还是什么都敢画?抑或只是一种对于失败者的无可奈何的安慰?我不得而知。

示例5：这一切都是由客观的条件造成的?还是由行为的惯性造成的?

4.2.3.3　在多个问句连用或表达疑问语气加重时，可叠用问号。通常应先单用，再叠用，最多叠用三个问号。在没有异常强烈的情感表达需要时不宜叠用问号。

示例：这就是你的做法吗？你这个总经理是怎么当的??你怎么竟敢这样欺骗消费者???

4.2.3.4　问号也有标号的用法，即用于句内，表示存疑或不详。

示例1：马致远(1250？—1321)，大都人，元代戏曲家、散曲家。

示例2：钟嵘(？—518)，颍川长社人，南朝梁代文学批评家。

示例3：出现这样的文字错误，说明作者(编者？校者?)很不认真。

4.3　叹号

4.3.1　定义

句末点号的一种，主要表示句子的感叹语气。

4.3.2　形式

叹号的形式是“!”。

4.3.3　基本用法

4.3.3.1　用于句子末尾，主要表示感叹语气，有时也可表示强烈的祈使语气、反问语气等。使用叹号主要根据语段前后有较大停顿、带有感叹语气和语调或带有强烈的祈使、反问语气和语调，并不取决于句子的长短。

示例1：才一年不见，这孩子都长这么高啦!

示例2：你给我住嘴!

示例3：谁知道他今天是怎么搞的!

4.3.3.2　用于拟声词后，表示声音短促或突然。

示例1：咔嚓！一道闪电划破了夜空。

示例2：咚！咚咚！突然传来一阵急促的敲门声。

4.3.3.3　表示声音巨大或声音不断加大时，可叠用叹号；表达强烈语气时，也可叠用叹号，最多叠用三个叹号。在没有异常强烈的情感表达需要时不宜叠用叹号。

示例1：轰!!在这天崩地塌的声音中，女娲猛然醒来。

示例2：我要揭露！我要控诉!!我要以死抗争!!!

4.3.3.4　当句子包含疑问、感叹两种语气且都比较强烈时(如带有强烈感情的反问句和带有惊愕语气的疑问句)，可在问号后再加叹号(问号、叹号各一)。

示例1：这么点困难就能把我们吓倒吗?!

示例2：他连这些最起码的常识都不懂，还敢说自己是高科技人材?!

4.4　逗号

4.4.1　定义

句内点号的一种，表示句子或语段内部的一般性停顿。

4.4.2　形式

逗号的形式是“,”。

4.4.3　基本用法

4.4.3.1　复句内各分句之间的停顿，除了有时用分号(见4.6.3.1)，一般都用逗号。

示例 1：不是人们的意识决定人们的存在，而是人们的社会存在决定人们的意识。

示例 2：学历史使人更明智，学文学使人更聪慧，学数学使人更精细，学考古使人更深沉。

示例 3：要是不相信我们的理论能反映现实，要是不相信我们的世界有内在和谐，那就不可能有科学。

4.4.3.2　用于下列各种语法位置：

a)较长的主语之后。

示例 1：苏州园林建筑各种门窗的精美设计和雕镂功夫，都令人叹为观止。

b)句首的状语之后。

示例 2：在苍茫的大海上，狂风卷集着乌云。

c)较长的宾语之前。

示例 3：有的考古工作者认为，南方古猿生存于上新世纪至更新世纪的初期和中期。

d)带句内语气词的主语(或其他成分)之后，或带句内语气词的并列成分之间。

示例 4：他呢，倒是很乐意地、全神贯注地干起来了。

示例 5：(那是个没有月亮的夜晚。)可是整个村子——白房顶啦，白桦木啦，雪堆啦，全都看得见。

e)较长的主语中间、谓语中间或宾语中间。

示例 6：母亲沉痛的诉说，以及亲眼见到的事实，都启发了我幼年时期追求真理的思想。

示例 7：那姑娘头戴一顶草帽，身穿一条绿色的裙子，腰间还系着一根橙色的腰带。

示例 8：必须懂得，对于文化传统，既不能不分青红皂白统统抛弃，也不能不管精华糟粕全盘继承。

f)前置的谓语之后或后置的状语、定语之前。

示例 9：真美啊，这条蜿蜒的林间小路。

示例 10：她吃力地站了起来，慢慢地。

示例 11：我只是一个人，孤孤单单的。

4.4.3.3　用于下列各种停顿处：

a)复指成分或插说成分前后。

示例 1：老张，就是原来的办公室主任，上星期已经调走了。

示例 2：车，不用说，当然是头等。

b)语气缓和的感叹语、称谓语或呼唤语之后。

示例 3：哎哟，这儿，快给我揉揉。

示例 4：大娘，您到哪儿去啊？

示例 5：喂，你是哪个单位的？

c)某些序次语(“第”字头、“其”字头及“首先”类序次语)之后。

示例 6：为什么许多人都有长不大的感觉呢？原因有三：第一，父母总认为自己比孩子成熟；第二，父母总要以自己的标准来衡量孩子；第三，父母出于爱心而总不想让孩子在成长的过程中走弯路。

示例7：《玄秘塔碑》所以成为书法的范本，不外乎以下几方面的因素：其一，具有楷书点画、构体的典范性；其二，承上启下，成为唐楷的极致；其三，字如其人，爱人及字，柳公权高尚的书品、人品为后人所崇仰。

示例8：下面从三个方面讲讲语言的污染问题，首先，是特殊语言环境中的语言污染问题；其次，是滥用缩略语引起的语言污染问题；再次，是空话和废话引起的语言污染问题。

4.5　顿号

4.5.1　定义

句内点号的一种，表示语段中并列词语之间或某些序次语之后的停顿。

4.5.2　形式

顿号的形式是“、”。

4.5.3　基本用法

4.5.3.1　用于并列词语之间。

示例1：这里有自由、民主、平等、开放的风气和氛围。

示例2：造型科学、技艺精湛、气韵生动，是盛唐石雕的特色。

4.5.3.2　用于需要停顿的重复词语之间。

示例：他几次三番、几次三番地辩解着。

4.5.3.3　用于某些序次语(不带括号的汉字数字或“天干地支”类序次语)之后。

示例1：我准备讲两个问题：一、逻辑学是什么？二、怎样学好逻辑学？

示例2：风格的具体内容主要有以下四点：甲、题材；乙、用字；丙、表达；丁、色彩。

4.5.3.4　相邻或相近两数字连用表示概数通常不用顿号。若相邻两数字连用为缩略形式，宜用顿号。

示例1：飞机在6000米高空水平飞行时，只能看到两侧八九公里和前方一二十公里范围内的地面。

示例2：这种凶猛的动物常常三五成群地外出觅食和活动。

示例3：农业是国民经济的基础，也是二、三产业的基础。

4.5.3.5　标有引号的并列成分之间、标有书名号的并列成分之间通常不用顿号。若有其他成分插在并列的引号之间或并列的书名号之间(如引语或书名号之后还有括注)，宜用顿号。

示例1：“日”“月”构成“明”字。

示例2：店里挂着“顾客就是上帝”“质量就是生命”等横幅。

示例3：《红楼梦》《三国演义》《西游记》《水浒传》，是我国长篇小说的四大名著。

示例4：李白的“白发三千丈”(《秋浦歌》)、“朝如青丝暮成雪”(《将进酒》)都是脍炙人口的诗句。

示例5：办公室里订有《人民日报》(海外版)、《光明日报》和《时代周刊》等报刊。

4.6　分号

4.6.1　定义

句内点号的一种，表示复句内部并列关系分句之间的停顿，以及非并列关系的多重复句中第一层分句之间的停顿。

4.6.2　形式

分号的形式是“；”。

4.6.3　基本用法

4.6.3.1　表示复句内部并列关系的分句(尤其当分句内部还有逗号时)之间的停顿。

示例1：语言文字的学习，就理解方面说，是得到一种知识；就运用方面说，是养成一种习惯。

示例2：内容有分量，尽管文章短小，也是有分量的；内容没有分量，即使写得再长也没有用。

4.6.3.2　表示非并列关系的多重复句中第一层分句(主要是选择、转折等关系)之间的停顿。

示例1：人还没看见，已经先听见歌声了；或者人已经转过山头望不见了，歌声还余音袅袅。

示例2：尽管人民革命的力量在开始时总是弱小的，所以总是受压的；但是由于革命的力量代表历史发展的方向，因此本质上又是不可战胜的。

示例3：不管一个人如何伟大，也总是生活在一定的环境和条件下；因此，个人的见解总难免带有某种局限性。

示例4：昨天夜里下了一场雨，以为可以凉快些；谁知没有凉快下来，反而更热了。

4.6.3.3　用于分项列举的各项之间。

示例：特聘教授的岗位职责为：一、讲授本学科的主干基础课程；二、主持本学科的重大科研项目；三、领导本学科的学术队伍建设；四、带领本学科赶超或保持世界先进水平。

4.7　冒号

4.7.1　定义

句内点号的一种，表示语段中提示下文或总结上文的停顿。

4.7.2　形式

冒号的形式是“：”。

4.7.3　基本用法

4.7.3.1　用于总说性或提示性词语(如“说”“例如”“证明”等)之后，表示提示下文。

示例1：北京紫禁城有四座城门：午门、神武门、东华门和西华门。

示例2：她高兴地说：“咱们去好好庆祝一下吧!”

示例3：小王笑着点了点头：“我就是这么想的。”

示例4：这一事实证明：人能创造环境，环境同样也能创造人。

4.7.3.2　表示总结上文。

示例：张华上了大学，李萍进了技校，我当了工人：我们都有美好的前途。

4.7.3.3　用在需要说明的词语之后，表示注释和说明。

示例1：(本市将举办首届大型书市。)主办单位：市文化局；承办单位：市图书进出口公司；时间：8月15日—20日；地点：市体育馆观众休息厅。

示例2：(做阅读理解题有两个办法。)办法之一：先读题干，再读原文，带着问题有针对性地读课文。办法之二：直接读原文，读完再做题，减少先入为主的干扰。

4.7.3.4　用于书信、讲话稿中称谓语或称呼语之后。

示例1：广平先生：……

示例2：同志们、朋友们：……

4.7.3.5　一个句子内部一般不应套用冒号。在列举式或条文式表述中，如不得不套用冒号时，宜另起段落来显示各个层次。

示例：第十条　遗产按照下列顺序继承：

　　第一顺序：配偶、子女、父母。

　　第二顺序：兄弟姐妹、祖父母、外祖父母。

4.8　引号

4.8.1　定义

标号的一种，标示语段中直接引用的内容或需要特别指出的成分。

4.8.2　形式

引号的形式有双引号“ “ ” ”和单引号“ ‘ ’ ”两种。左侧的为前引号，右侧的为后引号。

4.8.3　基本用法

4.8.3.1　标示语段中直接引用的内容。

示例：李白诗中就有“白发三千丈”这样极尽夸张的语句。

4.8.3.2　标示需要着重论述或强调的内容。

示例：这里所谓的“文”，并不是指文字，而是指文采。

4.8.3.3　标示语段中具有特殊含义而需要特别指出的成分，如别称、简称、反语等。

示例1：电视被称作“第九艺术”。

示例2：人类学上常把古人化石统称为尼安德特人，简称“尼人”。

示例3：有几个“慈祥”的老板把捡来的菜叶用盐浸浸就算作工友的菜肴。

4.8.3.4　当引号中还需要使用引号时，外面一层用双引号，里面一层用单引号。

示例：他问：“老师，‘七月流火’是什么意思？”

4.8.3.5　独立成段的引文如果只有一段，段首和段尾都用引号；不止一段时，每段开头仅用前引号，只在最后一段末尾用后引号。

示例：我曾在报纸上看到有人这样谈幸福：

　　“幸福是知道自己喜欢什么和不喜欢什么。……

　　“幸福是知道自己擅长什么和不擅长什么。……

　　“幸福是在正确的时间做了正确的选择。……”

4.8.3.6　在书写带月、日的事件、节日或其他特定意义的短语(含简称)时，通常只标引其中的月和日；需要突出和强调该事件或节日本身时，也可连同事件或节日一起标引。

示例1："5·12"汶川大地震

示例2："五四"以来的话剧，是我国戏剧中的新形式。

示例3：纪念"五四运动"90周年

4.9　括号

4.9.1　定义

标号的一种，标示语段中的注释内容、补充说明或其他特定意义的语句。

4.9.2　形式

括号的主要形式是圆括号"(　)"，其他形式还有方括号"[　]"、六角括号"〔　〕"和方头括号"【　】"等。

4.9.3　基本用法

4.9.3.1　标示下列各种情况，均用圆括号：

a)标示注释内容或补充说明。

示例1：我校拥有特级教师(含已退休的)17人。

示例2：我们不但善于破坏一个旧世界，我们还将善于建设一个新世界！(热烈鼓掌)

b)标示订正或补加的文字。

示例3：信纸上用稚嫩的字体写着："阿夷(姨)，你好!"。

示例4：该建筑公司负责的建设工程全部达到优良工程(的标准)。

c)标示序次语。

示例5：语言有三个要素：(1)声音；(2)结构；(3)意义。

示例6：思想有三个条件：(一)事理；(二)心理；(三)伦理。

d)标示引语的出处。

示例7：他说得好："未画之前，不立一格；既画之后，不留一格。"(《板桥集·题画》)

e)标示汉语拼音注音。

示例8："的(de)"这个字在现代汉语中最常用。

4.9.3.2　标示作者国籍或所属朝代时，可用方括号或六角括号。

示例1：[英]赫胥黎《进化论与伦理学》

示例2：[唐]杜甫著

4.9.3.3　报刊标示电讯、报道的开头，可用方头括号。

示例：【新华社南京消息】

4.9.3.4　标示公文发文字号中的发文年份时，可用六角括号。

示例：国发〔2011〕3号文件

4.9.3.5　标示被注释的词语时，可用六角括号或方头括号。

示例1：〔奇观〕奇伟的景象。

示例2：【爱因斯坦】物理学家。生于德国，1933年因受纳粹政权迫害，移居美国。

4.9.3.6　除科技书刊中的数学、逻辑公式外，所有括号(特别是同一形式的括号)应尽量避免套用。必须套用括号时，宜采用不同的括号形式配合使用。

示例：〔茸(róng)毛〕很细很细的毛。

4.10　破折号

4.10.1　定义

标号的一种，标示语段中某些成分的注释、补充说明或语音、意义的变化。

4.10.2　形式

破折号的形式是“——”。

4.10.3　基本用法

4.10.3.1　标示注释内容或补充说明(也可用括号，见4.9.3.1；二者的区别另见B.1.7)。

示例1：一个矮小而结实的日本中年人——内山老板走了过来。

示例2：我一直坚持读书，想借此唤起弟妹对生活的希望——无论环境多么困难。

4.10.3.2　标示插入语(也可用逗号，见4.4.3.3)。

示例：这简直就是——说得不客气点——无耻的勾当！

4.10.3.3　标示总结上文或提示下文(也可用冒号，见4.7.3.1、4.7.3.2)。

示例1：坚强，纯洁，严于律己，客观公正——这一切都难得地集中在一个人身上。

示例2：画家开始娓娓道来——

数年前的一个寒冬，……

4.10.3.4　标示话题的转换。

示例：“好香的干菜，——听到风声了吗？”赵七爷低声说道。

4.10.3.5　标示声音的延长。

示例：“嘎——”传过来一声水禽被惊动的鸣叫。

4.10.3.6　标示话语的中断或间隔。

示例1：“班长他牺——”小马话没说完就大哭起来。

示例2：“亲爱的妈妈，你不知道我多爱您。——还有你，我的孩子！”

4.10.3.7　标示引出对话。

示例：——你长大后想成为科学家吗？

——当然想了！

4.10.3.8　标示事项列举分承。

示例：根据研究对象的不同，环境物理学分为以下五个分支学科：

——环境声学；

——环境光学；

——环境热学；

——环境电磁学；

——环境空气动力学。

4.10.3.9　用于副标题之前。

示例：飞向太平洋

——我国新型号运载火箭发射目击记

4.10.3.10　用于引文、注文后，标示作者、出处或注释者。

示例1：先天下之忧而忧，后天下之乐而乐。

——范仲淹

示例2：乐浪海中有倭人，分为百余国。

——《汉书》

示例3：很多人写好信后把信笺折成方胜形，我看大可不必。（方胜，指古代妇女戴的方形首饰，用彩绸等制作，由两个斜方部分叠合而成。——编者注）

4.11　省略号

4.11.1　定义

标号的一种，标示语段中某些内容的省略及意义的断续等。

4.11.2　形式

省略号的形式是“……”。

4.11.3　基本用法

4.11.3.1　标示引文的省略。

示例：我们齐声朗诵起来：“……俱往矣，数风流人物，还看今朝。”

4.11.3.2　标示列举或重复词语的省略。

示例1：对政治的敏感，对生活的敏感，对性格的敏感，……这都是作家必须要有的素质。

示例2：他气得连声说：“好，好……算我没说。”

4.11.3.3　标示语意未尽。

示例1：在人迹罕至的深山密林里，假如突然看见一缕炊烟，……

示例2：你这样干，未免太……！

4.11.3.4　标示说话时断断续续。

示例：她磕磕巴巴地说：“可是……太太……我不知道……你一定是认错了。”

4.11.3.5　标示对话中的沉默不语。

示例：“还没结婚吧？”

“……”他飞红了脸，更加忸怩起来。

4.11.3.6　标示特定的成分虚缺。

示例：只要……就……

4.11.3.7　在标示诗行、段落的省略时，可连用两个省略号（即相当于十二连点）。

示例1：从隔壁房间传来缓缓而抑扬顿挫的吟咏声——

床前明月光，疑是地上霜。

……

示例2：该刊根据工作质量、上稿数量、参与程度等方面的表现，评选出了高校十佳记者站。还根据发稿数量、提供新闻线索情况以及对刊物的关注度等，评选出了十佳通讯员。

……

4.12 着重号

4.12.1 定义

标号的一种，标示语段中某些重要的或需要指明的文字。

4.12.2 形式

着重号的形式是“ . ”，标注在相应的文字下方。

4.12.3 基本用法

4.12.3.1 标示语段中重要的文字。

示例1：诗人需要表现，而不是证明。

示例2：下面对本文的理解，不正确的一项是：……

4.12.3.2 标示语段中需要指明的文字。

示例：下边加点的字，除了在词中的读法外，还有哪些读法？

着急 子弹 强调

4.13 连接号

4.13.1 定义

标号的一种，标示某些相关联成分之间的连接。

4.13.2 形式

连接号的形式有短横线“-”、一字线“—”、浪纹线“～”三种。

4.13.3 基本用法

4.13.3.1 标示下列各种情况，均用短横线：

a)化合物的名称或表格、插图的编号。

示例1：3-戊酮为无色液体，对眼及皮肤有强烈刺激性。

示例2：参见下页表2-8、表2-9。

b)连接号码，包括门牌号码、电话号码，以及用阿拉伯数字表示年月日等。

示例3：安宁里东路26号院3-2-11室

示例4：联系电话：010-88842603

示例5：2011-02-15

c)在复合名词中起连接作用。

示例6：吐鲁番-哈密盆地

d)某些产品的名称和型号。

示例7：WZ-10直升机具有复杂天气和夜间作战的能力。

e)汉语拼音、外来语内部的分合。

示例8：shuōshuō-xiàoxiào(说说笑笑)

示例9：盎格鲁-撒克逊人

示例10：让-雅克·卢梭(“让-雅克”为双名)

示例11：皮埃尔·孟戴斯-弗朗斯（“孟戴斯-弗朗斯”为复姓）

4.13.3.2　标示下列各种情况，一般用一字线，有时也可用浪纹线：

a）标示相关项目（如时间、地域等）的起止。

示例1：沈括（1031—1095），宋朝人。

示例2：2011年2月3日—10日

示例3：北京—上海特别旅客快车

b）标示数值范围（由阿拉伯数字或汉字数字构成）的起止。

示例4：25～30 g

示例5：第五～八课

4.14　间隔号

4.14.1　定义

标号的一种，标示某些相关联成分之间的分界。

4.14.2　形式

间隔号的形式是“·”。

4.14.3　基本用法

4.14.3.1　标示外国人名或少数民族人名内部的分界。

示例1：克里斯蒂娜·罗塞蒂

示例2：阿依古丽·买买提

4.14.3.2　标示书名与篇（章、卷）名之间的分界。

示例：《淮南子·本经训》

4.14.3.3　标示词牌、曲牌、诗体名等和题名之间的分界。

示例1：《沁园春·雪》

示例2：《天净沙·秋思》

示例3：《七律·冬云》

4.14.3.4　用在构成标题或栏目名称的并列词语之间。

示例：《天·地·人》

4.14.3.5　以月、日为标志的事件或节日，用汉字数字表示时，只在一、十一和十二月后用间隔号；当直接用阿拉伯数字表示时，月、日之间均用间隔号（半角字符）。

示例1：“九一八”事变　“五四”运动

示例2：“一·二八”事变　“一二·九”运动

示例3：“3·15”消费者权益日　“9·11”恐怖袭击事件

4.15　书名号

4.15.1　定义

标号的一种，标示语段中出现的各种作品的名称。

4.15.2　形式

书名号的形式有双书名号“《　》”和单书名号“〈　〉”两种。

4.15.3　基本用法

4.15.3.1　标示书名、卷名、篇名、刊物名、报纸名、文件名等。

示例1：《红楼梦》(书名)

示例2：《史记·项羽本记》(卷名)

示例3：《论雷峰塔的倒掉》(篇名)

示例4：《每周关注》(刊物名)

示例5：《人民日报》(报纸名)

示例6：《全国农村工作会议纪要》(文件名)

4.15.3.2　标示电影、电视、音乐、诗歌、雕塑等各类用文字、声音、图像等表现的作品的名称。

示例1：《渔光曲》(电影名)

示例2：《追梦录》(电视剧名)

示例3：《勿忘我》(歌曲名)

示例4：《沁园春·雪》(诗词名)

示例5：《东方欲晓》(雕塑名)

示例6：《光与影》(电视节目名)

示例7：《社会广角镜》(栏目名)

示例8：《庄子研究文献数据库》(光盘名)

示例9：《植物生理学系列挂图》(图片名)

4.15.3.3　标示全中文或中文在名称中占主导地位的软件名。

示例：科研人员正在研制《电脑卫士》杀毒软件。

4.15.3.4　标示作品名的简称。

示例：我读了《念青唐古拉山脉纪行》一文(以下简称《念》)，收获很大。

4.15.3.5　当书名号中还需要书名号时，里面一层用单书名号，外面一层用双书名号。

示例：《教育部关于提请审议〈高等教育自学考试试行办法〉的报告》

4.16　专名号

4.16.1　定义

标号的一种，标示古籍和某些文史类著作中出现的特定类专有名词。

4.16.2　形式

专名号的形式是一条直线，标注在相应文字的下方。

4.16.3　基本用法

4.16.3.1　标示古籍、古籍引文或某些文史类著作中出现的专有名词，主要包括人名、地名、国名、民族名、朝代名、年号、宗教名、官署名、组织名等。

示例1：孙坚人马被刘表率军围得水泄不通。(人名)

示例2：于是聚集冀、青、幽、并四州兵马七十多万准备决一死战。(地名)

示例3：当时乌孙及西域各国都向汉派遣了使节。(国名、朝代名)

示例4：从咸宁二年到太康十年，匈奴、鲜卑、乌桓等族人徙居塞内。（年号、民族名）

4.16.3.2　现代汉语文本中的上述专有名词，以及古籍和现代文本中的单位名、官职名、事件名、会议名、书名等不应使用专名号。必须使用标号标示时，宜使用其他相应标号(如引号、书名号等)。

4.17　分隔号

4.17.1　定义

标号的一种，标示诗行、节拍及某些相关文字的分隔。

4.17.2　形式

分隔号的形式是"/"。

4.17.3　基本用法

4.17.3.1　诗歌接排时分隔诗行(也可使用逗号和分号，见4.4.3.1/4.6.3.1)。

示例：春眠不觉晓/处处闻啼鸟/夜来风雨声/花落知多少。

4.17.3.2　标示诗文中的音节节拍。

示例：横眉/冷对/千夫指，俯首/甘为/孺子牛。

4.17.3.3　分隔供选择或可转换的两项，表示"或"。

示例：动词短语中除了作为主体成分的述语动词之外，还包括述语动词所带的宾语和/或补语。

4.17.3.4　分隔组成一对的两项，表示"和"。

示例1：13/14次特别快车

示例2：羽毛球女双决赛中国组合杜婧/于洋两局完胜韩国名将李孝贞/李敬元。

4.17.3.5　分隔层级或类别。

示例：我国的行政区划分为：省(直辖市、自治区)/省辖市(地级市)/县(县级市、区、自治州)/乡(镇)/村(居委会)。

5　标点符号的位置和书写形式

5.1　横排文稿标点符号的位置和书写形式

5.1.1　句号、逗号、顿号、分号、冒号均置于相应文字之后，占一个字位置，居左下，不出现在一行之首。

5.1.2　问号、叹号均置于相应文字之后，占一个字位置，居左，不出现在一行之首。两个问号(或叹号)叠用时，占一个字位置；三个问号(或叹号)叠用时，占两个字位置；问号和叹号连用时，占一个字位置。

5.1.3　引号、括号、书名号中的两部分标在相应项目的两端，各占一个字位置。其中前一半不出现在一行之末，后一半不出现在一行之首。

5.1.4　破折号标在相应项目之间，占两个字位置，上下居中，不能中间断开分处上行之末和下行之首。

5.1.5　省略号占两个字位置，两个省略号连用时占四个字位置并须单独占一行。省略号不能中间断开分处上行之末和下行之首。

5.1.6 连接号中的短横线比汉字“一”略短，占半个字位置；一字线比汉字“一”略长，占一个字位置；浪纹线占一个字位置。连接号上下居中，不出现在一行之首。

5.1.7 间隔号标在需要隔开的项目之间，占半个字位置，上下居中，不出现在一行之首。

5.1.8 着重号和专名号标在相应文字的下边。

5.1.9 分隔号占半个字位置，不出现在一行之首或一行之末。

5.1.10 标点符号排在一行末尾时，若为全角字符则应占半角字符的宽度(即半个字位置)，以使视觉效果更美观。

5.1.11 在实际编辑出版工作中，为排版美观、方便阅读等需要，或为避免某一小节最后一个汉字转行或出现在另外一页开头等情况(浪费版面及视觉效果差)，可适当压缩标点符号所占用的空间。

5.2 竖排文稿标点符号的位置和书写形式

5.2.1 句号、问号、叹号、逗号、顿号、分号和冒号均置于相应文字之下偏右。

5.2.2 破折号、省略号、连接号、间隔号和分隔号置于相应文字之下居中，上下方向排列。

5.2.3 引号改用双引号“﹃”“﹄”和单引号“﹁”“﹂”，括号改用“︵”“︶”，标在相应文字的上下。

5.2.4 竖排文稿中使用浪线式书名号“﹏﹏”，标在相应文字的左侧。

5.2.5 着重号标在相应文字的右侧，专名号标在相应文字的左侧。

5.2.6 横排文稿中关于某些标点不能居行首或行末的要求，同样适用于竖排文稿。

附录F 普通话水平测试模拟试卷

模拟试卷一

爸	炯	牛	请	娘	出	特	某	烧	点
钧	惹	自	允	儿	粒	癣	尊	苇	钟
屡	盯	呕	眶	淤	环	孙	劳	荒	神
站	果	氨	塔	旺	绞	跪	弥	猜	繁
日	图	炕	池	藻	用	海	浓	新	蝇
筑	棚	辩	灰	鼻	镇	叨	次	乖	内
膜	炒	派	诀	犬	颊	爽	晨	刷	绺
纹	挎	肥	缺	软	窃	苍	纵	锡	雅
性	诚	腔	裂	鳃	逢	颇	灌	翁	索
兼	洒	防	涩	甩	辙	古	旁	鬓	蜗

阔气	拼凑	画卷	谬论	下降	周岁	凶恶
膏药	怀抱	服务员	生产	创伤	手工业	穷困
外面	在哪儿	仍然	打铁	抓获	月份	挨个儿
水鸟	症状	进口	从而	训练	明白	算盘
说法	淘汰	纯粹	佛寺	恰当	完美	增添
人群	男女	谅解	脑子	一致	领袖	记事儿
侵略	客厅	不许	波动	配合	胆囊	胡同儿

那年我六岁。离我家仅一箭之遥的小山坡旁，有一个早已被废弃的采石场，双亲从来不准我去那儿，其实那儿风景十分迷人。

一个夏季的下午，我随着一群小伙伴偷偷上那儿去了。就在我们穿越了一条孤寂的小路后，他们却把我一个人留在原地，然后奔向“更危险的地带”了。

等他们走后，我惊慌失措地发现，再也找不到要回家的那条孤寂的小道了。像只无头的苍蝇，我到处乱钻，衣裤上挂满了芒刺。太阳已经落山，而此时此刻，家里一定开始吃晚餐了，双亲正盼着我回家……想着想着，我不由得背靠着一棵树，伤心地呜呜大哭起来……

突然，不远处传来了声声柳笛。我像找到了救星，急忙循声走去。一条小道边的树桩上坐着一位吹笛人，手里还正削着什么。走近细看，他不就是被大家称为“乡巴佬儿”的卡廷吗？

“你好，小家伙儿，”卡廷说，“看天气多美，你是出来散步的吧?”

我怯生生地点点头，答道：“我要回家了。”

“请耐心等上几分钟，”卡廷说，“瞧，我正在削一支柳笛，差不多就要做好了，完工后就送给你吧!”

卡廷边削边不时把尚未成形的柳笛放在嘴里试吹一下。没过多久，一支柳笛便递到我手中。我俩在一阵阵清脆悦耳的笛音……

1. 谈谈社会公德(或职业道德)
2. 我的家乡(或熟悉的地方)

模拟试卷二

蕊	旗	脸	蛙	抗	瘾	耕	淮	周	龄
透	磁	饼	揉	猜	拢	哭	晒	东	铁
敷	谎	栓	穷	抓	详	退	坯	逛	举
雄	政	官	胁	黑	倦	苇	洽	赔	仓
愤	膜	取	槽	闰	国	吨	民	捉	爸
容	悦	灸	轰	描	秧	冷	田	影	捞
除	窍	怎	般	嗓	梅	波	承	师	谬
篇	峻	反	迪	允	赛	您	攥	扯	站
俄	镍	啃	杜	遵	案	狗	外	保	葬
盯	髓	拿	四	齿	帕	选	爵	耳	瞎

创新	混合	镇压	存在	眯缝	难受	窘迫
惨死	平日	总归	你们	线圈	商品	篡夺
亏损	科学家	预防	群众	佛法	玩意儿	需求
告别	骆驼	利用	被窝儿	状况	丢掉	对偶
衰败	懊悔	能源	数量	搜查	瓜瓤儿	强化
功率	耽误	飞快	生产	教训	面条儿	了解
照射	虐待	主人翁	只好	儿童	情不自禁	

没有一片绿叶，没有一缕炊烟，没有一粒泥土，没有一丝花香，只有水的世界，云的海洋。

一阵台风袭过，一只孤单的小鸟无家可归，落到被卷到洋里的木板上，乘流而下，姗姗而来，近了，近了! ……

忽然，小鸟张开翅膀，在人们头顶盘旋了几圈儿，“噗啦”一声落到了船上。许是累了? 还是发现了“新大陆”? 水手撵它它不走，抓它，它乖乖地落在掌心。可爱的小鸟和善良的水手结成了朋友。

瞧，它多美丽，娇巧的小嘴，啄理着绿色的羽毛，鸭子样的扁脚，呈现出春草的鹅黄。水手们把它带到舱里，给它“搭铺”，让它在船上安家落户，每天，把分到的一塑料筒淡水匀给它喝，把从祖国带来的鲜美的鱼肉分给它吃，天长日久，小鸟和水手的感情日趋笃厚。清晨，当第一束阳光射进舷窗时，它便敞开美丽的歌喉，唱啊唱，嘤嘤有韵，宛如春水淙淙。人类给它以生命，它毫不悭吝地把自己的艺术青春奉献给了哺育它的人。可能都是这样？艺术家们的青春只会献给尊敬他们的人。

小鸟给远航生活蒙上了一层浪漫色调。返航时，人们爱不释手，恋恋不舍地想把它带到异乡。可小鸟憔悴了，给水，不喝！喂肉，不吃！油亮的羽毛失去了光泽。是啊，我……

1. 我的朋友
2. 谈谈美食

模拟试卷三

丰	迭	庚	咬	插	势	颇	扛	嘴	膜
昭	赛	高	裙	恐	麻	竖	德	许	团
撂	远	非	货	瞥	滑	僵	杂	败	峦
隶	盆	歪	略	拐	贼	粉	丢	案	征
草	君	卤	嫡	烤	阳	举	翁	囊	醋
址	妙	寝	斛	爽	昧	盒	歹	匣	二
瓶	吞	要	弦	土	次	星	水	鳖	兽
梭	犬	溶	医	瘸	霸	松	耐	鹅	既
凡	蠢	内	编	朽	涡	斩	掐	艇	肉
藤	仲	丑	字	床	晋	挥	弱	扯	用

节日	无穷	半导体	佛寺	红娘	引起	率领
叫好儿	稳定	英雄	电压	转弯	矿产	热爱
上层	光泽	增长	怀孕	翅膀	家乡	拉链儿
荒谬	尾随	胚胎	发票	卓越	深奥	袜子
村庄	而且	寡妇	哲学	南北	邮戳儿	亏损
人民	胡萝卜	抖擞	乾坤	共同	疲倦	针鼻儿
绝对	宣传	少女	采访	嫩绿	名堂	迅速

爸不懂得怎样表达爱，使我们一家人融洽相处的是我妈。他只是每天上班下班，而妈则把我们做过的错事开列清单，然后由他来责骂我们。

有一次我偷了一块糖果，他要我把它送回去，告诉卖糖的说是我偷来的，说我愿意替他拆箱卸货作为赔偿。但妈妈却明白我只是个孩子。

我在运动场打秋千跌断了腿，在前往医院途中一直抱着我的，是我妈。爸把汽车停在急诊室门口，他们叫他驶开，说那空位是留给紧急车辆停放的。爸听了便叫嚷道："你以为这是什么车？旅游车？"

在我生日会上，爸总是显得有些不大相称。他只是忙于吹气球，布置餐桌，做杂务。把插着蜡烛的蛋糕推过来让我吹的，是我妈。

我翻阅照相册时，人们总是问："你爸爸是什么样子的？"天晓得！他老是忙着替别人拍照。妈和我笑容可掬地一起拍的照片，多得不可胜数。

我记得妈有一次叫他教我骑自行车。我叫他别放手，但他却说是应该放手的时候了。我摔倒之后，妈跑过来扶我，爸却挥手要她走开。我当时生气极了，决心要给他点儿颜色看。于是我马上爬上自行车，而且自己骑给他看。他只是微笑。

我念大学时，所有的家信都是妈写的。他……

1. 我的成长之路
2. 谈谈对环境保护的认识

模拟试卷四

软	清	柳	篾	身	肿	堆	放	湖	裂
桃	赠	摔	甲	胎	嫩	垂	厅	霖	堤
掠	移	军	惹	循	该	每	脱	齿	遵
滑	滚	库	窘	蚕	渺	趁	牛	驻	俞
首	磁	典	肠	酚	粤	畦	促	悬	耳
双	反	财	寝	盟	瞎	死	撑	老	桑
团	兄	巧	州	踹	香	文	闭	糟	魔
疤	准	拿	配	炎	绢	瞟	日	鸥	葬
碑	到	萍	外	寡	醉	偏	握	迁	谎
破	砍	位	扬	矩	额	三	晒	荣	寇

总理	妇女	风筝	镇压	傀儡	夸张	传播
小瓮儿	灯光	奔跑	境界	柔顺	冒尖儿	公元
质量	挫折	搜索	法西斯	红娘	测定	人群
奥秘	打嗝儿	进去	村庄	包含	怀念	关卡
先生	费用	贫穷	佛学	差别	叫唤	然而
撇开	安全	录音机	虐待	谬误	痛快	运行
钢铁	碎步儿	课堂	玩耍	丢失	领子	创作

朋友即将远行。

暮春时节，又邀了几位朋友在家小聚。虽然都是极熟的朋友，却是终年难得一见，偶尔电话里相遇，也无非是几句寻常话。一锅小米稀饭，一碟大头菜，一盘自家酿制的泡菜，一只巷口买回的烤鸭，简简单单，不像请客，倒像家人团聚。

其实，友情也好，爱情也好，久而久之都会转化为亲情。

说也奇怪，和新朋友会谈文学、谈哲学、谈人生道理等等，和老朋友却只话家常，柴米油盐，细细碎碎，种种琐事。很多时候，心灵的契合已经不需要太多的言语来表达。

朋友新烫了个头，不敢回家见母亲，恐怕惊骇了老人家，却欢天喜地来见我们，老朋友颇能以一种趣味性的眼光欣赏这个改变。

年少的时候，我们差不多都在为别人而活，为苦口婆心的父母活，为循循善诱的师长活，为许多观念、许多传统的约束力而活。年岁逐增，渐渐挣脱外在的限制与束缚，开始懂得为自己活，照自己的方式做一些自己喜欢的事，不在乎别人的批评意见，不在乎别人的诋毁流言，只在乎那一份随心所欲的舒坦自然。偶尔，也能够纵容自己放浪一下，并且有一种恶作剧的窃喜。

就让生命顺其自然，水到渠成吧，犹如窗前的……

1. 我的学习生活
2. 谈谈对环境保护的认识

模拟试卷五

拐	搏	掌	弱	法	弯	脓	柳	腔	呕
揪	舔	日	彼	粗	狂	销	凑	舌	捉
字	歼	值	扔	拟	汉	窘	攥	胚	径
摆	忙	岁	谋	女	而	征	妄	吟	掠
雅	阔	怀	瓮	三	故	踢	浑	胸	卦
鹰	肋	广	笨	舱	抱	涡	酿	筛	找
平	雪	秸	诚	花	头	总	擒	稻	晨
废	辖	犬	愣	虞	吹	咬	拿	损	爹
甫	店	瞟	凌	讨	庙	群	改	颇	酶

宣传	衰变	外省	频率	捏造	棉球儿	耽误
橄榄	状态	疟疾	打嗝儿	运行	重量	跨度
撇开	嫂子	历史	勇猛	身份	挖潜	奥秘
锦标赛	方向	安慰	心眼儿	存活	持续	柔和
哺乳	盘算	创伤	害怕	家庭	收购	以内

挫折	儿童	丢掉	摸黑儿	决定	摧毁	军人
佛寺	作风	糖尿病	工厂	穷困	恰好	原料

小学的时候，有一次我们去海边远足，妈妈没有做便饭，给了我十块钱买午餐。好像走了很久，很久，终于到海边了，大家坐下来便吃饭，荒凉的海边没有商店，我一个人跑到防风林外面去，级任老师要大家把吃剩的饭菜分给我一点儿。有两三个男生留下一点儿给我，还有一个女生，她的米饭拌了酱油，很香。我吃完的时候，她笑眯眯地看着我，短头发，脸圆圆的。

她的名字叫翁香玉。

每天放学的时候，她走的是经过我们家的一条小路，带着一位比她小的男孩儿，可能是弟弟。小路边是一条清澈见底的小溪，两旁竹阴覆盖，我总是远远地跟在她后面，夏日的午后特别炎热，走到半路她会停下来，拿手帕在溪水里浸湿，为小男孩儿擦脸。我也在后面停下来，把肮脏的手帕弄湿了擦脸，再一路远远跟着她回家。

后来我们家搬到镇上去了，过几年我也上了中学。有一天放学回家，在火车上，看见斜对面一位短头发、圆圆脸的女孩儿，一身素净的白衣黑裙。我想她一定不认识我了。火车很快到站了，我随着人群挤向门口，她也走近了，叫我的名字。这是她第一次和我说话。

她笑眯眯的，和我一起走过月台。以后就没有再见过……

1. 我尊敬的人
2. 我的业余生活

模拟试卷六

电	远	日	韦	仄	尖	黄	塌	眉	艘
临	赚	池	憎	饶	促	丝	国	伞	床
觅	丢	裙	匾	庞	恩	俘	拢	醉	劳
肉	萌	倦	准	内	熏	仰	抬	袜	您
黯	虫	篾	朽	糟	并	枪	蠢	羹	不
激	牌	瓜	粤	而	梳	你	块	雄	另
巴	让	条	攥	硫	鸟	瘸	磕	统	驱
我	跤	苟	章	景	瞎	海	搭	女	饭
许	黑	抵	摹	炒	跌	蕊	神	哑	签
甩	蹿	坠	恐	破	磁	圣	法	授	炯

贵宾	奶粉	刀背儿	一律	状况	爆炸	存款
盎然	选举	柴火	加入	封锁	咏叹调	放松

热闹	佛像	逃走	亏损	军事	影子	权利
玩耍	怀念	铺盖	奇怪	钢铁	小偷儿	将来
主人翁	进化	聪明	运行	无穷	偶尔	扇面儿
政治	传播	培育	恰当	牛皮	咖啡	谬论
唱歌儿	词汇	虐待	综合	战略	轻描淡写	

夕阳落山不久，西方的天空，还燃烧着一片橘红色的晚霞。大海，也被这霞光染成了红色，而且比天空的景色更要壮观。因为它是活动的，每当一排排波浪涌起的时候，那映照在浪峰上的霞光，又红又亮，简直就像一片片霍霍燃烧着的火焰，闪烁着，消失了。而后面的一排，又闪烁着，滚动着，涌了过来。

天空的霞光渐渐地淡下去了，深红的颜色变成了绯红，绯红又变为浅红。最后，当这一切红光都消失了的时候，那突然显得高而远了的天空，则呈现出一片肃穆的神色。最早出现的启明星，在这蓝色的天幕上闪烁起来了。它是那么大，那么亮，整个广漠的天幕上只有它在那里放射着令人注目的光辉，活像一盏悬挂在高空的明灯。

夜色加浓，苍空中的“明灯”越来越多了。而城市各处的真的灯火也次第亮了起来，尤其是围绕在海港周围山坡上的那一片灯光，从半空倒映在乌蓝的海面上，随着波浪，晃动着，闪烁着，像一串流动着的珍珠，和那一片片密布在苍穹里的星斗互相辉映，煞是好看。

在这幽美的夜色中，我踏着软绵绵的沙滩，沿着海边，慢慢地向前走去。海水，轻轻地抚摸着细软的沙滩，发出温柔的……

1. 难忘的旅行
2. 我喜爱的书刊

模拟试卷七

齿	钡	专	梧	掉	恒	钩	萍	香	绢
松	雌	官	艇	贤	怕	铝	囊	快	昂
坐	扔	恰	薛	咱	屑	急	股	农	怎
军	鹅	准	测	奶	霞	串	妻	从	低
融	纠	体	遭	邻	夸	这	疯	悔	资
谬	含	绞	搏	尔	神	碎	墙	辨	买
规	辰	党	坝	渺	琼	牵	布	楼	返
初	允	潮	爽	面	垒	翁	滑	日	胎
墨	迂	蔡	妆	品	愿	闪	阀	涌	扣
贴	拐	略	酸	淌	阴	吻	酿	锁	绕

扩张	似的	宾主	人群	黄瓜	外科	压倒
民众	小姐	挨个儿	增高	月球	冲刷	佛典
虐待	率领	苍白	上层	后跟儿	亏损	整理
减轻	分散	窘迫	豆腐	遵守	红包儿	纳税
钾肥	按钮	养活	国王	创办	逃窜	名牌儿
差别	也许	颜色	自治区	儿童	完全	漂亮
让位	螺旋桨	四周	胸脯	培训	一目了然	

我在加拿大学习期间遇到过两次募捐，那情景至今使我难以忘怀。

一天，我在渥太华的街上被两个男孩子拦住去路。他们十来岁，穿得整整齐齐，每人头上戴着个做工精巧、色彩鲜艳的纸帽，上面写着“为帮助患小儿麻痹的伙伴募捐”。其中的一个，不由分说就坐在小凳上给我擦起皮鞋来，另一个则彬彬有礼地发问：“小姐，您是哪国人？喜欢渥太华吗？”“小姐，在你们国家有没有小孩儿患小儿麻痹？谁给他们医疗费？”一连串的问题，使我这个有生以来头一次在众目睽睽之下让别人擦鞋的异乡人，从近乎狼狈的窘态中解脱出来。我们像朋友一样聊起天儿来……

几个月之后，也是在街上。一些十字路口处或车站坐着几位老人。他们满头银发，身穿各种老式军装，上面布满了大大小小形形色色的徽章、奖章，每人手捧一大束鲜花，有水仙、石竹、玫瑰及叫不出名字的，一色雪白。匆匆过往的行人纷纷止步，把钱投进这些老人身旁的白色木箱内，然后向他们微微鞠躬，从他们手中接过一朵花。我看了一会儿，有人投一两元，有人投几百元，还有人掏出支票填好后投进木箱。那些老军人毫不注意人们捐多少钱，一直不……

1. 我喜爱的职业
2. 我的业余生活

模拟试卷八

饼	而	桩	另	瞥	喂	波	舜	巢	滤
仿	辛	桶	瓣	驶	峡	构	活	踹	聊
瑟	盯	此	用	谨	昂	柳	袜	肥	悦
腔	循	驾	泥	蒸	跪	歪	胁	抓	仍
擦	袋	披	存	砍	盆	洒	该	怎	材
嘘	愁	允	旁	啃	兽	北	僧	偶	捐
舔	债	孔	亭	主	翁	鸟	穷	党	泽
取	书	算	拖	凤	膜	屋	恨	蕊	刀
犬	缩	码	官	闹	满	隔	自	烘	酿
蕨	日	鸡	水	床	东	遗	谬	炉	雁

佛寺	照相	亲切	返青	耻辱	幼儿园	爽快
局面	钢铁	传说	人群	逗乐儿	摧毁	爱国
挫折	篱笆	报答	随后	盼望	提成儿	螺旋桨
修养	明白	英雄	军阀	的确	公民	拉链儿
从中	暖瓶	深化	难怪	灯泡儿	温柔	内在
调和	总得	恰好	完善	眉头	夸张	学习
窘迫	毽子	典雅	妇女	标准	不速之客	

读小学的时候，我的外祖母去世了。外祖母生前最疼爱我，我无法排除自己的忧伤，每天在学校的操场上一圈儿又一圈儿地跑着，跑得累倒在地上，扑在草坪上痛哭。

那哀痛的日子，断断续续地持续了很久，爸爸妈妈也不知道如何安慰我。他们知道与其骗我说外祖母睡着了，还不如对我说实话：外祖母永远不会回来了。

“什么是永远不会回来呢?”我问着。

“所有时间里的事物，都永远不会回来。你的昨天过去，它就永远变成昨天，你不能再回到昨天。爸爸以前也和你一样小，现在也不能回到你这么小的童年了；有一天你会长大，你会像外祖母一样老；有一天你度过了你的时间，就永远不会回来了。”爸爸说。

爸爸等于给我一个谜语，这谜语比课本上的“日历挂在墙壁，一天撕去一页，使我心里着急”和“一寸光阴一寸金，寸金难买寸光阴”还让我感到可怕；也比作文本上的“光阴似箭，日月如梭”更让我觉得有一种说不出的滋味。

时间过得那么飞快，使我的小心眼儿里不只是着急，还有悲伤。有一天我放学回家，看到太阳快落山了，就下决心说：“我要比太阳更快地回家。”我狂奔回去，站在庭院前喘气的时候，看到太阳……

1. 我的假日生活
2. 谈谈社会公德(或职业道德)

模拟试卷九

蔡	康	名	翻	坏	捏	畏	陇	庄	拱
押	党	斟	款	蹄	岔	情	瓣	蛙	特
雪	杂	躲	窜	养	逐	薰	跨	掰	日
醒	罪	眨	弦	瑞	霜	团	抖	浑	字
悲	选	床	蹭	渺	绝	撂	容	颗	如
傲	艘	窘	俄	要	盆	摸	娘	甲	丢
斥	捧	柜	裙	摔	瘾	坤	用	边	个
峰	廉	拖	雷	篾	磁	钢	取	靳	法

糟	份	远	就	母	脖	伞	障	股	腮
拟	巢	气	飘	衡	篓	儿	吻	拘	沈

富翁	表演	男女	协调	流动	农产品	纯粹
扯皮	能量	健全	没谱儿	随后	太平	转交
那么	诚恳	席卷	扇面儿	柔软	侧重	英雄
生存	何况	不在乎	以致	方案	均匀	国王
恰好	强盗	瓜子儿	外贸	推广	殴打	点心
绿化	上下	铁索	波长	战略	招牌	作怪
佛经	穷人	的确	邮戳儿	开口	似是而非	

自从传言有人在萨文河畔散步时无意发现了金子后，这里便常有来自四面八方的淘金者。他们都想成为富翁，于是寻遍了整个河床，还在河床上挖出很多大坑，希望借助它们找到更多的金子。的确，有一些人找到了，但另外一些人因为一无所得而只好扫兴归去。

也有不甘心落空的，便驻扎在这里，继续寻找。彼得·弗雷特就是其中一员。他在河床附近买了一块没人要的土地，一个人默默地工作。他为了找金子，已把所有的钱都押在这块土地上。他埋头苦干了几个月，直到土地全变成了坑坑洼洼，他失望了——他翻遍了整块土地，但连一丁点儿金子都没看见。

六个月后，他连买面包的钱都没有了。于是他准备离开这儿到别处去谋生。

就在他即将离去的前一个晚上，天下起了倾盆大雨，并且一下就是三天三夜。雨终于停了，彼得走出小木屋，发现眼前的土地看上去好像和以前不一样：坑坑洼洼已被大水冲刷平整，松软的土地上长出一层绿茸茸的小草。

“这里没找到金子，”彼得忽有所悟地说，“但这土地很肥沃，我可以用来种花，并且拿到镇上去卖给那些富人，他们一定会买些花装扮他们华丽的客厅。……

1. 我的业余生活
2. 我所在的集体(学校、机关、公司等)

模拟试卷十

鸟	框	歪	淌	蹿	缕	潮	乌	袄	趴
笋	灭	欧	内	瞻	愁	灰	试	广	社
改	眯	焚	必	亡	剑	尺	自	而	宾
绳	癣	侧	诊	噎	缠	松	害	椒	用
很	刘	衍	雄	锅	您	嗓	博	返	鸭
墙	法	熔	晾	癖	秋	兑	息	坎	鲸
润	眸	确	脓	末	邪	者	坪	入	钧

垫	坑	特	贼	袜	呆	迸	词	蜂	足
练	允	眉	帅	刮	袍	关	隋	丙	捐
躲	嫩	软	迂	腿	恰	手	弧	雪	伶

劳动力	日益	儿女	撒谎	朋友	存在	被窝儿
规格	佛像	热门	饲料	传说	来源	通讯
窘迫	膀子	双方	所属	开创	绝着儿	新娘
位置	苟且	贫寒	宽阔	苍穹	难怪	命题
后跟儿	群众	定额	早婚	冲刷	全部	露馅儿
曲解	飞快	主人翁	少年	下级	甲板	附近
苗头	大约	花白	干脆	正面	阴阳	丢掉

这是入冬以来，胶东半岛上第一场雪。

雪纷纷扬扬，下得很大。开始还伴着一阵儿小雨，不久就只见大片大片的雪花，从彤云密布的天空中飘落下来。地面上一会儿就白了。冬天的山村，到了夜里就万籁俱寂，只听得雪花簌簌地不断往下落，树木的枯枝被雪压断了，偶尔咯吱一声响。

大雪整整下了一夜。今天早晨，天放晴了，太阳出来了。推开门一看，嗬！好大的雪啊！山川、河流、树木、房屋，全都罩上了一层厚厚的雪，万里江山，变成了粉妆玉砌的世界。落光了叶子的柳树上挂满了毛茸茸亮晶晶的银条儿；而那些冬夏常青的松树和柏树上，则挂满了蓬松松沉甸甸的雪球儿。一阵风吹来，树枝轻轻地摇晃，美丽的银条儿和雪球儿簌簌地落下来，玉屑似的雪末儿随风飘扬，映着清晨的阳光，显出一道道五光十色的彩虹。

大街上的积雪足有一尺多深，人踩上去，脚底下发出咯吱咯吱的响声。一群群孩子在雪地里堆雪人，掷雪球儿。那欢乐的叫喊声，把树枝上的雪都震落下来了。

俗话说，“瑞雪兆丰年”。这个话有充分的科学根据，并不是一句迷信的成语。寒冬大雪，可以冻死一部分越冬的害虫；融化了的水渗进土层深处，又能供应……

1. 谈谈卫生与健康
2. 学习普通话的体会

附录 G　安徽省计算机辅助普通话水平测试应试指南

请广大考生在参加测试前，仔细阅读本“应试指南”，了解“普通话水平计算机辅助测试系统”的测试流程和操作程序。

一、计算机辅助普通话测试流程

计算机辅助普通话水平测试流程分四个部分：考生候测、信息采集、备测和正式测试。考生需按照准考证上的报到时间按时到候测室报到，了解考试安排、注意事项和相关纪律。候测过程中切勿远离候测室，以防错过考试时间。

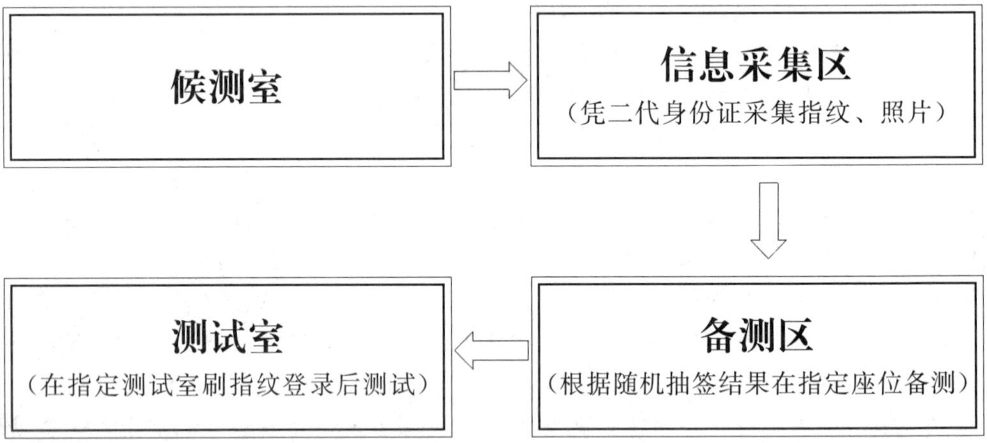

二、信息采集区采集指纹、电子照片

候测考生根据工作人员安排分组前往信息采集区采集个人信息。信息采集时考生依次采集身份信息(刷二代身份证)，采集指纹(右手大拇指连续按住指纹识别仪三次)，并在工作人员指导下采集电子照片(此照片将作为证书照片使用)。

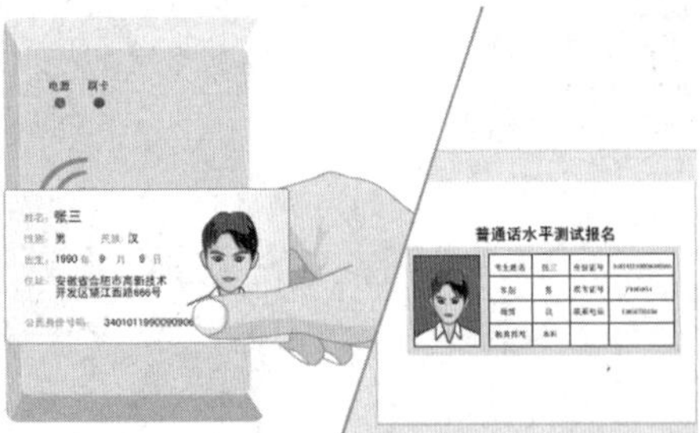

信息采集结束后，系统自动抽签随机确定每位考生备测座位号和测试机房号(两号一致)。

三、备测室备测

考生在完成信息采集后，在得到工作人员通知后有序坐在抽签对应的座位，将自己的身份证、学生证和准考证放在桌子的右上方，等待工作人员验证身份并在签到表上签名。普通话测试属国家级考试，严禁代考，一经发现取消考试资格并报考生学校、工作单位处理，一年内不得再次参加测试。

考生备测使用纸制试卷，时间为10分钟左右，备测过程中只允许查阅测试站提供的《普通话水平测试实施纲要》和字典，不得使用任何其他与考试有关的材料。

考生在得到工作人员提示可以测试后，将试卷上交给工作人员，按照工作人员的要求有序进入指定测试室正式测试。

四、测试室正式测试

(一)佩戴耳机(如图示)

1. 请您就座后戴上耳机(麦克风戴在左耳)，将话筒置于口腔前方，考试过程中无需用手扶着话筒。

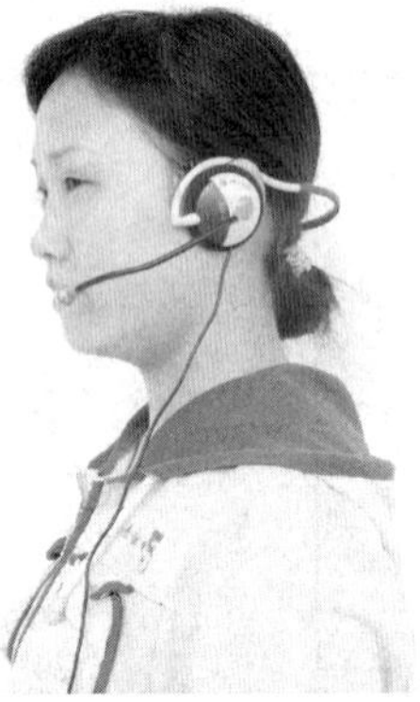

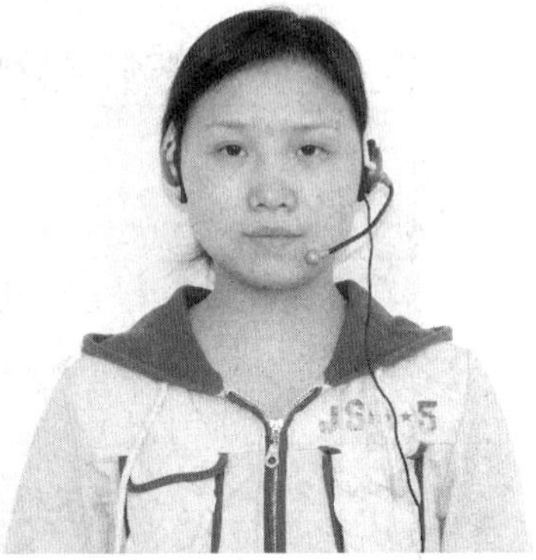

2. 戴好耳机后请单击“下一步”按钮。

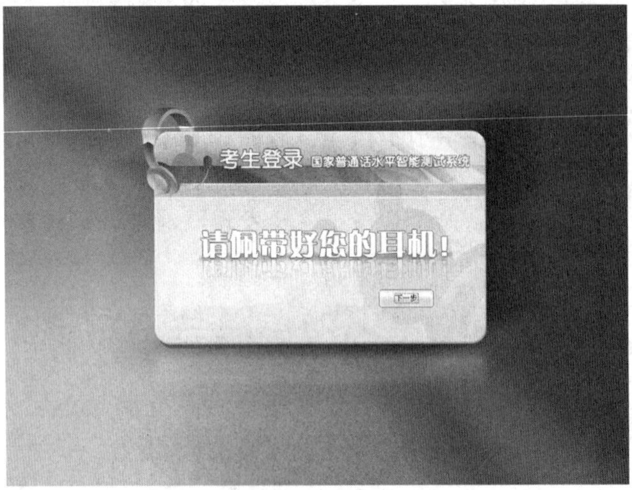

(二)考生登录(如图示)

请将采集指纹的手指(默认为右手大拇指)按在指纹采集器上进行验证，若指纹一致则完成登录。

(三)核对信息(如图示)

1. 请认真核对您的个人信息。

2. 若信息无误，单击“确认”按钮继续，等待试音。

3. 若信息有误或无法验证，请联系测试站工作人员。

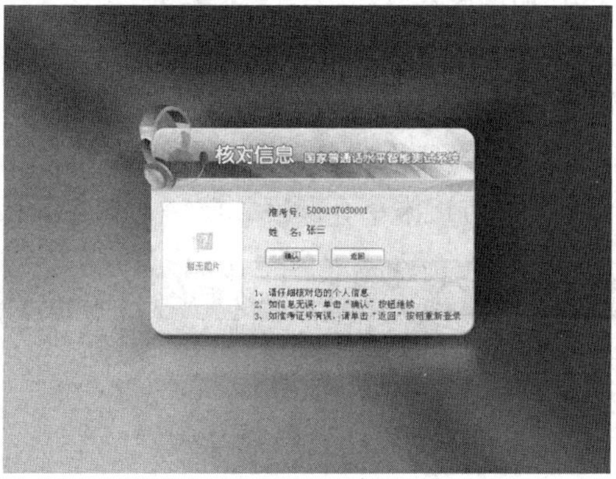

(四)试音(如图示)

1. 请在提示语结束并听到“嘟”的一声后，用正常说话的音量朗读屏幕上给出的文字。

2. 试音结束，系统提示“试音成功”后进入“等待考试”，若失败请检查话筒佩戴是否正确后单击“确定”重新试音。

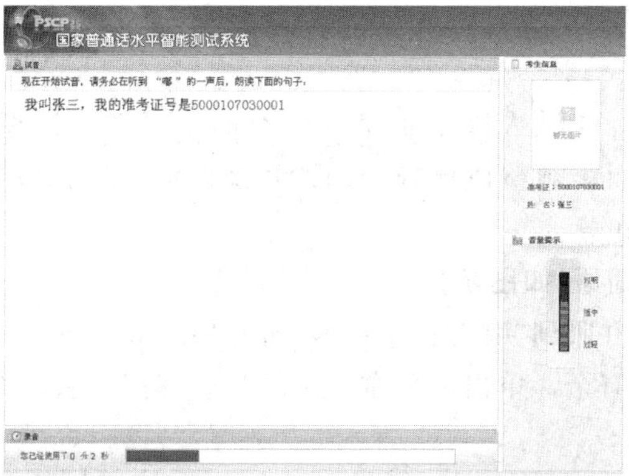

(五)开始考试

1. 普通话水平测试共有4项题目，系统会依次显示各项内容，您只需根据屏幕显示的试题内容进行考试。

2. 每项试题前都有一段语音提示，请在提示语结束并听到“嘟”的一声后，开始考试。

3. 录音过程中，应做到吐字清晰，语速适中，音量同试音时保持一致。

4. 录音过程中，请注意主屏下方的时间提示，确保在规定的时间内完成每项考试。

5. 规定时间结束，系统会自动进入下一项试题。如某项试题时间有余，请单击屏幕右下角的“下一题”按钮，以防录入太多空白或杂音影响成绩。

特别提示：

1. 考试过程中，考生不要说试卷以外的任何内容，以免影响考试成绩。

2. 考试过程中若遇异常情况，请联系工作人员解决。

第一题　读单音节字词(如图示)

1. 请在提示语结束并听到“嘟”的一声后，再开始录音。

2. 如该项试题时间有余，单击屏幕右下角的“下一题”按钮，可进入下一项试题。

3. 请务必横向朗读，蓝黑字体是为了分行醒目，应试人应不分颜色，逐字、逐行朗读，注意语音清晰、语义连贯，防止添字、漏字、改字，如有漏读，按字扣分。

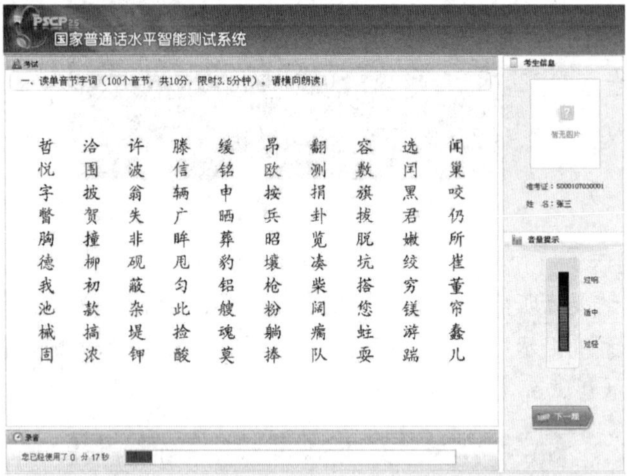

第一、二项测试时，应试人因个别字词读错而重复读，计算机评分时会自动识别，不会因为一个字的重读而影响整体评分。朗读短文时则不能出现重读情况，否则计算机评分时将根据评分标准扣分。

第二题　读多音节词语(如图示)

1. 请在提示语结束并听到“嘟”的一声后，再开始录音。

2. 如该项试题时间有余，单击屏幕右下角的“下一题”按钮，可进入下一项试题。

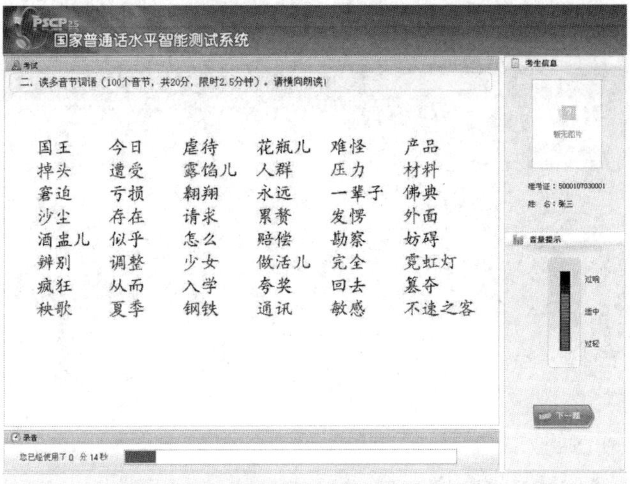

第三题　朗读短文(如图示)

1. 请在提示语结束并听到“嘟”的一声后，再开始录音。

2. 朗读时保持音量稳定，大小与试音音量一致，音量过低会导致评测失败。

3. 如该项试题时间有余，单击屏幕右下角的“下一题”按钮，可进入下一项试题。

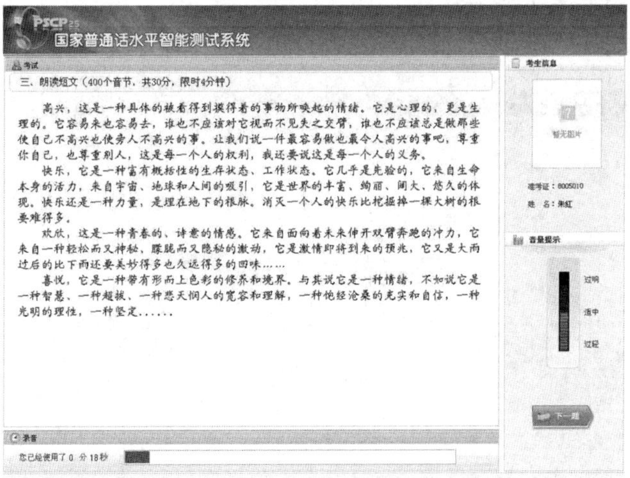

第四题　命题说话(如图示)

1. 请在系统提示音结束以后，开始计时，请从系统所给的两个题目中选择其中一个开始说话，说话前请读出所选话题名称。例如，我说的话题是“我尊敬的人”。

2. 说话内容需符合所选话题，离题或不具评判价值语料均会导致丢分；同时严禁携带文字或电子材料进入测试室，朗读文字材料将被取消考试资格。

3. 本题必须说满 3 分钟(请按主屏下方的时间提示条把握时间)。

4. 说满 3 分钟后，系统会自动提交试卷。

5. 测试过程中，部分考生面对计算机可能会产生缺乏交流对象的不适感。考生应调整心态，可假设一位交流对象与之进行交流，帮助克服这种不适感。

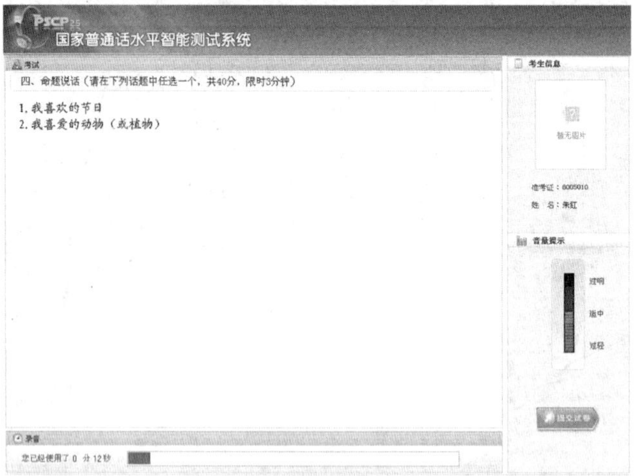

（六）结束考试（如图示）

1. 请按照系统提示，若一切顺利。系统提示“请摘下耳机放在桌上，然后离开考场”。若有其他提示请及时联系工作人员。

2. 轻声离开考场，不要向工作人员询问成绩，不得在考场附近逗留、议论。

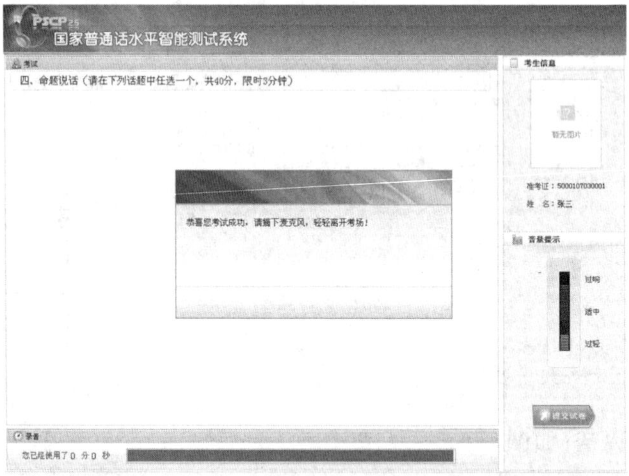

五、查分和领取等级证书

1. 普通话测试结束后，测试站上传考生数据至省普通话培训测试中心，待测试员打分、复审结束后，将在安徽语言文字培训测试网（www.ahywpc.com）公布成绩，考生可输入姓名、身份证号查询。考生成绩一般在考试后30天左右公布。

2. 普通话水平等级证书由测试站负责从省中心领取和发放。

参考文献

1. 安徽省普通话培训测试中心. 计算机辅助普通话水平测试应试手册[M]. 合肥：安徽文艺出版社，2010.
2. 国家语言文字工作委员会普通话培训测试中心. 普通话水平测试实施纲要[M]. 北京：商务印书馆，2004.
3. 宋欣桥. 普通话水平测试员实用手册[M]. 北京：商务印书馆，2000.
4. 颜逸明，范可育，朱川，高家莺，等. 普通话水平测试指要[M]. 上海：华东师范大学出版社，1995.